HONJOK
独身主义

[意] 西尔维娅·拉扎里斯
[韩] 婕·安珍素 著

[意] 吉奥瓦娜·法拉利斯
[意] 弗朗西斯卡·里昂斯基 绘

胡冕 译

中国友谊出版公司

图书在版编目（CIP）数据

独身主义 ／（意）西尔维娅·拉扎里斯著；（韩）婕·安珍素著；（意）吉奥瓦娜·法拉利斯，（意）弗朗西斯卡·里昂斯基绘；胡冕译．－－北京：中国友谊出版公司，2023.3

ISBN 978-7-5057-5584-0

Ⅰ．①独… Ⅱ．①西… ②婕… ③吉… ④弗… ⑤胡… Ⅲ．①生活方式-研究 Ⅳ．①C913.3

中国版本图书馆CIP数据核字(2022)第248584号

著作权合同登记号 图字：01-2023-0208

Vivida® is a registered trademark property of White Star s.r.l.
© 2021 White Star s.r.l.
Piazzale Luigi Cadorna, 6
20123 Milan, Italy
www.whitestar.it
www.vividabooks.com
本书经由中华版权代理有限公司授权北京创美时代国际文化传播有限公司。

书名	独身主义
作者	[意]西尔维娅·拉扎里斯　[韩]婕·安珍素
绘者	[意]吉奥瓦娜·法拉利斯　[意]弗朗西斯卡·里昂斯基
译者	胡冕
出版	中国友谊出版公司
发行	中国友谊出版公司
经销	新华书店
印刷	北京中科印刷有限公司
规格	880×1230毫米　32开
	4.75印张　121千字
版次	2023年3月第1版
印次	2023年3月第1次印刷
书号	ISBN 978-7-5057-5584-0
定价	49.80元
地址	北京市朝阳区西坝河南里17号楼
邮编	100028
电话	(010) 64678009

版权所有，翻版必究
如发现印装质量问题，可联系调换
电话 (010) 59799930-601

引言　›1

H☯NJOK　独身一族的缘起　›4

　　词汇表　›8
　　1.1 单身家庭　›10
　　1.2 孤独，但不失联　›12
　　1.3 他人的凝视　›14
　　1.4 女性解放　›16
　　1.5 独身一族的家　›18
　　1.6 屏幕背后　›20
　　1.7 直面孤独　›22
　　1.8 替代伴侣　›26
　　1.9 放慢脚步　›28
　　独身一族的相性　›30
　　独身一族的类型　›32
　　郑恩静的一天　›34

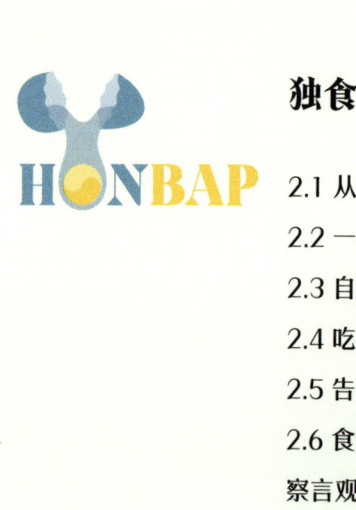

独食 独自进餐　　> 36

2.1 从泡菜到帕尼尼　　> 40
2.2 一位，谢谢　　> 42
2.3 自信的修炼　　> 44
2.4 吃播　　> 46
2.5 告别礼节　　> 48
2.6 食物的分量　　> 52
察言观色　　> 54
雪狐膳食　　> 56
独食一族的类型　　> 58
孤独与陪伴　　> 60

独饮 与自己干杯　　> 64

3.1 韩国饮酒文化　　> 68
3.2 买醉释放　　> 72
3.3 饮酒礼节　　> 74
3.4 烧酒与韩流　　> 76
独饮一族的类型　　> 80
独饮俱乐部　　> 82
金浩俊的一天　　> 84
独饮一族的相性　　> 86

独处 孤独又快乐的闲暇时光 > 88

4.1 审视外界与本我 > 92
4.2 自尊 > 94
4.3 同理服务 > 96
4.4 独身音乐会 > 98
4.5 高歌释放 > 100
4.6 单人旅行 > 102
4.7 因热爱前行 > 104
4.8 发现新世界 > 106
4.9 亲近自然 > 110

独行者的类型 > 114
独处时期的爱情 > 116
我的独身一族指数 > 118

后记 > 121
资料来源 > 127
致谢 > 130

引言

　　与其他国家相比,韩国的年轻人看待孤独的方式或许有些不同。于韩国年轻人而言,独处的时光是一次解放自己及转变和创造工作岗位的机会。孤独代表了我们未来的方向。

　　过去 50 年,韩国经历了好几次社会和经济巨变,科技进步往往是其背后的动因。随着科技的发展,越来越多的韩国年轻人投身到一场名为 honjok(独身一族)的潮流中,hon 代表独自,jok 代表族群,即一人成群。这场潮流又被称为 naholojok,na 代表我自己,holo 代表独自,jok 代表族群,即我自孑然成群。这些词语皆可相互借用来形容庆祝孤独和独立的人,其方式则是独自完成一系列的活动:吃饭、喝酒、看电影、旅行以及单纯的作乐。

　　还有许多词语也是有关独自生活的选择的。譬如,有专门的词语来形容那些独自完成的活动,如独自吃饭(honbap)、独自饮酒(honsul)、独自旅行(honhaeng)、独自看电影(honyeong),以及独自购物(honsho)。

　　很难准确断定"独身一族"(honjok)这一理念是何时出现在韩国的,但韩国最受欢迎的搜索引擎之一 Daumsoft 的

1

一项分析显示，honbap（独自吃饭）、honsul（独自饮酒）和 honnol（独处）等词语在 2010 年后才出现使用量暴增。2010 年年初，这类词语引用量不过 44 次，到了 2016 年则达 6 万余次。同一时期，受社交媒体推动形成的新式消费文化影响，韩国的智能手机保有量从 14% 增至超 85%。假如在促使"独身一族"风潮席卷韩国的过程中，诸如智能手机一类的技术功不可没，那么，这一风潮也反映出韩国人无论在精神上还是肉体上都迫切地想要逃离自己的家园。

尽管现在住在柏林，但作为在韩国出生和长大的千禧一代，我却常常问自己：假如我自己一个人吃饭、一个人旅行并乐在其中的话，那么我也是"独身一族"吗？我是在 2015 到 2016 年间，通过社交媒体才开始接触 honjok 和 honsul 这样的词。同时，我还听闻了 mukbang（吃播，人们拍摄自己吃饭的美食节目）这个词语。我的朋友跟我说，他们自己一个人吃饭时，喜欢看别人（通常是 YouTube 博主）独自吃饭。

鉴于和家人以及朋友分享食物是韩国文化的基础，所以当时这一切于我而言显得分外惊奇。以前，学生要是在学校食堂一个人吃午饭的话，会倍感压力。因为他们害怕表现得不合群。我的朋友们说，一个人吃饭不用顾虑他人，在某种程度上是一种自由、一种解放。

独来独往的人深知孤独并不意味着孤单。孤独使人独立，敢于冒险，最后回归本我。然而，并非所有的韩国人，尤其是老一辈们，都同意这样的观点。对他们来说，团结远比个人主义有价值。他们担忧年轻的独身一族所做的选择，批评他们的行为过分独立和过于特立独行。

  为了更加透彻地了解这一现象，我和不同辈分、不同背景的人做了交流，当中有二十出头的年轻人、学生，有孩子尚小或已成年的双亲和单亲家庭，还有年纪稍长的成年人。本书介绍了他们的核心观念以及"独身一族"最大化利用独处时间的方法。书中给出的建议，我们每个人都可以借鉴，也可以理解为与自己更有效地相处的一种方式。

婕·安珍素

　　为什么许多韩国年轻人要选择这样一种自我封闭的生活方式呢？独身一族作为一种新现象，其争议性也不小。honjok 这个词最先是和另一个词一起在韩国流行开来的——Hell Joseon，意为"去你的韩国"。这一讽刺表达，最早于 2015 年在网上开始流传，韩国年轻人用它来表达他们对于韩国社会经济状况的幻想破灭之情。每每抱怨起年轻人失业问题和社会经济矛盾时，韩国年轻人就会投身到一项饶有趣味的活动中去——编造新词。

　　从出生开始，年轻人就要接受他们必须努力扮演好学生、职员、妻子、丈夫、母亲和父亲等种种角色的教诲。有这样一种看法：成为合格公民，往往是由个人出生时的社会阶层和父母能提供的私教数量决定的。对于那些无法精于学习并在名校取得大学文凭的人或者那些不想成家的人来说，偏见宛如寄生虫一样。韩国的小孩子在很小的年纪就深谙这一切。正如洪又妮（Euny Hong）[1] 在《韩流的诞生》中所言，在韩国，

1　美籍韩裔作家、记者，著作有《韩流的诞生：一个国家如何通过流行文化征服世界》等。

HONJOK

要是你浪费了青少年时光,"那么你就完蛋了,彻彻底底完蛋了。"当今美国的某些方面于韩国人而言是耸人听闻的,比如学习在一定程度上是快乐的。

年轻的独身一代成长于一个集体主义社会。他们没有赋予自身意义,而是通过所属的社会群体和他们在当中扮演的角色来建立自己的身份。在韩国的集体主义文化中,尊重权力是至关重要的。对于阶级制度的忠诚异常重要,以至于在和不同年龄、不同阶层的人交谈时都有专门的行为语言。一切行为都是基于阶级制度。洪又妮在其书中指出,要是不知道谈话对象的年龄,你都不知道要怎么说话和表现。社交就像一个管弦乐队,随着越来越多的乐器加入,每个人的角色都会逐步改变——每次有人进入房间,在场的人就要重新校准他们的行为举止。

独身一族的出现就是为了瓦解这一体系的。过去10年,有的年轻人成为独身一族是出于寻求快乐或实际情况,有的则出于焦虑。许多年轻人退居社会的边缘,将社交活动减到最少。他们也接受了"孤独者"和"失败者"这样的观念,并努力使其流行。孤独是一种解放。独身一族最重要的就是要独居。他们甚至连出去吃饭、看电影、旅行、玩乐和购物都是独自一人。他们当中有些人拒绝结婚,拒绝生育,甚至拒绝性;其他人则不尽然。有人只是简单地缩小了自己的交友圈,而有人则几乎完全自我封闭起来。一开始,每个人或多或少都是自顾自地践行着独身。后来,得益于"独身一族"这个词作为话题标签走红,类似于 #metoo 运动的成功,这群独身者才走到了一起。几年的时间里,新技术和数字空间

独身一族

的出现将物理上的自我封闭转化成了虚拟社区,这里聚集了大批的 Ins 博主、YouTube 博主以及各类应用程序和论坛的用户成员,他们有着共同的语言和价值观。网络的出现,让这群备受忽视、沉默的、被放逐的独身者形成一股越来越有力、越来越响亮的声音。

　　在许多韩国人的眼里,独身一族并非为了改变社会而抗争:他们通常被认为自以为是,想要做出改变却又不愿付出努力,只为自己着想。但对他们而言,为了寻找自我而独居是一个革命性的举动。尽管饱受质疑,但独身一族已然影响到了韩国的经济和文化,或许在不久的将来甚至席卷西方。独身一族也赢得了他们的首次胜利,比如单人份餐食和产品的出现,以及对单身家庭的正式承认。但最大的胜利却是心理上的:自我封闭令他们发现,宁静可以在孤独中觅得,他们不需要他人的认可也能感受自我的和谐,独自一人也并不意味着孤单。

　　从独身一族的身上,我们可以学习从另一个角度审视孤独。如巴尔扎克所言:"孤独是一件美好的事,但需要有人来告诉你它是美好的。"这是独身一族告诉我们的,但远不止这些:这种现象可以让我们正视自身承受的社会压力,还能协助我们完成自我解放。或许我们当中有些人永远不会像韩国年轻人一样有封闭自我的迫切需求。有人或许会对独处时还要自娱自乐的想法嗤之以鼻。但如果我们需要说服自己周六一个人在沙发上消磨一晚并没有什么错,独自到新的目的地去旅行也没有什么好悲哀的,决定独身也并不是什么奇怪的事,那么独身一族的经验于我们也同样适用。

GLOS

Chosiknam，초식남：草食男、食草男，意为男性食草性动物。来源于日语，指对婚姻或者稳定伴侣关系不感兴趣的男人。

Geon-eo-mul-nyeo，건어물녀：与"草食男"相对应，形容的是女性。

Hikikomori，히키코모리："蛰居族"，也称现代隐士。来源于日语，指远离社会，自愿寻求极度自我封闭的人。

Honbap，혼밥：bap在韩国指米饭，honbap意为独食（一个人吃饭）。

Honhaeng，혼행：haeng是yeo-haeng（旅行）的缩写。honhaeng意为"独自旅行"。

Honjok，혼족：honjok由两个词组成，hon表示"独自"，而jok表示"群落"。该词用来指乐意选择独居和独自完成

SARY 词汇表

如吃饭、看电影、喝酒或者购物等各类活动的人，本书译为独身一族。

Honnol，혼놀：nol 来自 nol-da，意为玩耍。honnol 意为独自玩耍、独自外出并消磨时间。

Honsho，혼쇼：sho 来自英语词语 shopping（购物）。honsho 意为独自购物。

Honsul，혼술：sul 在韩语中意为酒。honsul 意为独饮（独自喝酒）。

Honyeong，혼영：yeong 来自词语 yeoung-hwa，指电影。honyeong 意为独自看电影。

Naholojok，나홀로족：该词与 honjok 意思一样，意为我自己然成群。其中，na 表示自己，holo 表示独自，而 jok 则为群落。

1.1 单身家庭

Single-Person Families

独身一族

在韩国，几百年来，家庭都被形容为"出生和经济合作都在同一屋檐下"。传统家庭以婚姻和生孩子（尤其是男孩）为重心。正因为生孩子如此重要，所以在朝鲜王朝时期，无法繁衍后代就被视为一种需要弥补的罪过。

过去，独居的人几乎都会被投以质疑的目光，这种质疑不稀奇：他们要是一个人的话，那他们指定有问题！即使在今天，老一辈也常常认为，那些独居的人只是处在转变期。但是在今天的韩国，单身家庭越来越被人们接受，人们也认同他们这样是做出了终生的选择。在20世纪90年代，单身家庭占所有核心家庭数量的1/10。如今，超过1/3的韩国家庭为单身家庭；在首尔，这一比例几乎达到50%。

独居和不生孩子往往意味着经济福祉。许多公司都明白这一点，从而催生了一种新型经济：独身经济（hon-economy）。线上购物时，独身一族会被单独列为一个门类，其中有多功能家具、单人用厨具以及小型洗衣机。超市推出单人份商品的特价优惠，首批单人餐厅和酒吧也配有带塑料隔板的单人餐桌。电影院甚至开始设置单人座的影厅。通过定制生活的方方面面，独身一族以自己为中心，逐步建立起一个量身定制的世界，只有那些能取悦他们的人和物得以进入其中。除此以外的一切皆被拒之门外。

1.2 孤独，
但不失联

Alone, but Connected

独身一族

我敢说，没有技术的支持，独身一族的生活方式将不复存在。现如今，在视频电话和远程办公随处可见的情况下，与别人交流与其说是一种需要，不如说是一种选择。近年来，韩国经济经历了电子商务的繁荣，韩国政府也在推动远程办公、无人驾驶汽车、无人机和机器人等技术上大举投资，这些技术的出现令现实世界的交流遭到摈弃。那么对韩国年轻人的孤独来说，技术到底是其成因还是其出路？或者两者皆有之？

如果独居和手机不离手可能会使我们越来越与外界隔绝，那么新的数字工具也能帮助我们以新的方式进行社交。独身一族已然形成了自身的身份，建立了新的圈子，而非独守房中苦苦思索自己出了什么问题。在一些相关网站和应用程序上，用户会推荐餐厅和产品，会分享物品，还会组织线下活动（偶尔，假如真的有这个需要的话）。vlog 博主和 YouTube 博主的评论区也是独身一族分享独居生活想法和各种情绪的地方。

谁说一定要面对面才能建立真实的关系，才能与他人联系？独身一族的方式教会我们如何提高自己的网络社交能力。比如，可以通过一个人的声音起伏、音调变化或者面部的像素组合来推测他的情绪，甚至能通过一个人的措辞和标点使用情况来了解这个人。重要的是要保持对他人的好奇心：如此一来，每个细节都足以窥全貌。

独身一族

　　独身一族常常通过声称自己更愿意做"远离他人凝视"之事来为自己的独身生活正名。他们觉得这种凝视可以理解为一种侵犯，会让他们妄自菲薄。韩国年轻人还造了一个词语来精准描述这种侵犯——视奸，意为以眼奸淫。

　　"他人如何看待我们"会以各种方式限制我们的自由，独身一族深知这点。当有人过分关注我们的穿着、言谈或者笑声时，他们的凝视会让我们感到羞愧和被评判。凝视会让我们变得敏感和脆弱，然后就会产生在他人眼中寻求认可的欲望，希望自己的品行或选择得到认可。有时候我们得到了想要的积极反馈，就会不停修正自身的表现，直至达到他人的期许。

　　年轻的独身一族逐渐觉察到每天关注他人如何审视自己，消耗了自己大量的精力。远离他人的目光让独身一族感到被解放。这就是为什么他们会决定自己一个人唱卡拉 OK，又或者一个人吃饭。独自一人在家时，独身一族们可以唱得声嘶力竭，也可以尽情舞蹈，全然没有尴尬之忧。最近的一个例子是"情绪共鸣"服务：好几家卡拉 OK 都在入口处提供 honsho（独自消费）的贴纸，顾客要是不想被店员打扰的话，就可以贴在身上。

1.4 女性解放

Female
Liberation

独身一族

在韩国，未婚女性通常会被称为 mi-hon。但近年来，韩国语言文化中出现了一个意思相近却内涵迥异的新词——bi-hon。bi-hon 并非指那些向往婚姻的未婚女性，而是指那些做出单身的明确选择，没有结婚意向，甚至不接受女性想要生育这一观念的女性。另一个新词 honyeo，是 bi-hon 的近义词，字面意思为独身女人，指的是那些选择独居且生活方式与传统有别的女性。这些女性要传达的是：对有些人来说，婚姻是一种价值、一种愿景、一种优势，我们尊重这样的事实；但我们也坚信，婚姻于我们的幸福而言并非不可或缺的，没有人有权将其强加于我们。

许多独身一族是女性并非偶然。在韩国，独居的年轻女性就是新锐分子。成为独身女性是一种将个人需求和欲望置于情绪之上的方式，因为婚姻在韩国代表的是对等级和权威的忠诚。独身女性们反对这样的文化体系，这种体系认为女性在社会中只有单一的功能，即妻子和母亲。独身女性称，韩国社会往往会贬低那些年届 30 却又不婚不育的女性。她们夺回了部分名词，并赋予它们新的、能够反映她们生活方式的积极含义。

成为独身女性是一个非传统的选择，但重要的是不要默不作声地这样做。选择当独身女性意味着可以参加 #nomarriage 运动或者 #EMIF 运动（不婚精英，大步向前）。这一选择最重要的一点是让其他女性知道，不管她们做何选择，我们绝不会非议她们。

1.5 独身一族的家

The Honjok Home

独身一族

对独身一族来说,打造适宜单人居住的小窝并不困难。韩国政府推行了一个借贷体系,以帮助越来越多的单身人群解决住房问题。政府发放信用卡,个人可以通过贷款来建造自己的安乐窝。相应地,政府也会推出小型公寓,配有花园和健身房等公共空间。这些公寓并不贵,目的是通过提供大学宿舍般的体验来提高单身人群的社交能力。

人独自住在大屋子里不仅难以打理,而且花销也大。一居室或二居室的小型公寓,其整洁美观和高效便利的特点对独身一族来说至关重要。谈到维持小空间整洁所需的精力时,"付出"和"勤劳"是独身一族最为常用的两个词。为独身一族提供建议,以更好地控制预算来整修住所的电视节目也变得越来越受欢迎。相关用品的完整市场业已形成,有小型冰箱、小型洗衣机、食物保鲜真空封装工具、可以当沙发或桌子的两用床等等。

独身一族在网上分享的自家装潢都大同小异:物件很少且极度整洁。其中的潜台词似乎是:一件衣服要是一星期穿不到一次,那它就不应该出现在房间里;衣服要是没有按照颜色分类放在衣盒或挂在衣架上,生活肯定就会一团糟;没有足够的理由,就不要在房间里放深色的家具。

1.6 屏幕背后

Behind the Screen

独身一族

　　独身一族和我看的都是一样的电视节目。跟他们当中的一些人交流时，我发现他们会花大量的时间看网飞节目（Netflix），不过看外国连续剧对于他们的意义却跟我不一样。欧洲文化受国外电影，尤其是美国电影影响数十年，但国外文艺作品却是近20年才出现在韩国的。韩国政府对部分电影和歌曲歌词赤裸裸的色情内核感到震惊的同时，也担心像日本和美国这样的国家会进行文化殖民。

　　我试着去想象，作为受外国文化影响的第一代人意味着什么。如果在西方文化中把花大把时间看电视看作对时间的浪费，那么对独身一族来说，看电视是感受与世界历史相联系的一种方式。通过电视来亲近其他文化，也意味着对千里之外的人们的生活方式过于理想化。恩静（Eun-Kyoung）[1]作为独身一族一员，和我一样都爱看《摩登家庭》。这部美剧讲述了洛杉矶郊区的一个大家庭的喜怒哀乐。我告诉恩静，我看这部剧的时候会想家。她愣住了。这部剧并没有带给她同样的感受：她知道她的家庭永远不会像剧里这家人一样亲密。作为在线视频网站的常客，恩静和许多独身一族一样，已经形成了一套情感防御机制。看电视仅仅是一种娱乐方式，并不会给她带来什么不切实际的希冀。

1　作者撰写此书时的调查对象之一。

1.7

直面
孤独

Facing
Solitude

独身一族

人们很容易将独身一族想象成内向、孤僻、不喜欢与他人相处的人，这样形容他们就意味着落入了刻板印象。诚然，大部分独身一族不需要他人的陪伴，自己干自己的事也会乐趣无穷。但许多独居的韩国年轻人也有经常联系或偶尔碰面的朋友，他们并不排斥他人的陪伴。

当独身一族并不意味着对孤独免疫，反而意味着要经常直面孤独，因此可能也要学会如何谨慎地对待孤独。Honjok Dot Com 网站上的一篇文章讲到，独居的好处有时候并不能抵消孤独感。该文章将这样的感觉解释成自然产生的。网站指出，我们总有感到孤独的时刻，但巧妙地淡化这种感觉尤为重要。要做到这点，所需要的是一连串机智的策略，以帮助我们远离和管控孤独感。

不要将我们的空间与外界隔绝

一个人住时，我们就要承担囿于自我世界的风险。虽然有时个人世界似乎乐趣十足而我们又自得其乐，但随着时间流逝，我们在个人空间也难免充满焦虑与后悔。所以我们要试着保持个人世界的窗帘敞开，让阳光进来，不时地开开门，让空气流通。与观察家门外发生了什么事一样，倾听外面世界的声音和感受外面世界的气味可以帮助我们牢记尤为重要的三点：我们在这个世界上并不孤单；世界并非绕着我们转；我们也是某些事情的一部分。

HONJOK

准确了解孤独的成因

　　心理学研究中，孤独通常可以分为社会性孤独和情感性孤独：社会性孤独指的是我们身边所在乎的人比希望的要少；而情感性孤独指的是拥有的亲密关系中，亲密程度达不到我们的期望。这两种情况的孤独都源于我们想要的和所拥有的之间的差距。要战胜孤独，我们就要在感到孤独的时候去了解自己未被满足的需求，比如回到空荡荡的家而找不到人诉说一天的遭遇。问题一旦明了，就可以采取行动。在上述例子中，解决方法可以是回家的时候给朋友、家庭成员打电话，或者邀请他们共进晚餐。

尽情享受独居的乐趣

　　每天早上独自醒来会让人感到孤独，但如果我们能够珍视那些独居时可以不顾忌羞耻心而做的事，那么独自醒来也可以感到自由而独立。举两个例子，比如在厨房里穿着内裤起舞和洗澡时放声高歌。我们应该尝试去做这样的事——他人看不到，但于我们而言又是自由的——并且试着每天都做，尤其是在感到孤独时。

拥抱宠物

　　养宠物往往被当成治疗孤独的一种方式。宠物不仅能够与我们交流，甚至能分享我们的感受。宠物常陪伴我们左右，而且也会感恩和展现对我们的爱。宠物种类并不限于猫和狗，热带鱼类、鹦鹉和其他小动物都能与我们同住，并且与我们互

独身一族

动，它们彼此之间也能互动。观察和照顾它们可以缓解我们的孤独感。

尝试新事物

我们学习新技能时是很难感到孤独的。远离孤独的最佳方法之一就是延长我们感到富有创造力、感到充满挑战、感到充实的时间。与其说这是一种治疗孤独的方式，不如说是一种远离孤独的方式。当我们感到绝望和孤独时，甚至没有尝试新事物的精力和欲望。当我们意识到自己没有能力面对内心的孤独时，正是应该投身新事物的时候。

有朋友相伴

为了能够和乐地独居，我们需要时不时地邀请好朋友到家里来，不需要奢华的晚宴或盛大的活动，只要聚在一起，喝点东西、闲聊、欢笑。不能相聚时，通过其他方式保持联系也很重要：在下厨或吃饭时打个视频电话，或者花一个晚上一起打游戏。尽管保持朋友围绕在身边的建议被列在最后一条，但 Honjok Dot Com 网站上的文章依然肯定了这是独居且避免感到孤独的最佳方式。与固有印象截然不同，对抗孤独最好的解药就是友情，对独身一族来说也是如此。

Surrogate Partners

替代伴侣

1.8

独身一族

如果人们回到家发现空无一人，在同一张床上一个人睡着和醒来，会渐渐变得难以忍受，感到沮丧。因此，在韩国以及其他越来越多人选择独居的亚洲国家，一个以情绪抚慰产品为核心的市场正逐渐发展壮大。人们希望这类产品能够替代部分由有血有肉的伴侣所提供的功能。

比如，Azuma Hikari（中文名为逢妻光）就是一个在 Gate Box 内全息投影而成的电子伴侣。Gate Box 看起来就像一台咖啡机或搅拌机。Azuma 由一家日本公司制造，在 2021 年推出，有些独身一族已经有机会尝鲜了。Azuma 20 岁，有着一头蓝色的秀发。她会说"早安"，并且得益于不同传感器和各类人工智能软件的协助，她还可以识别你的声音和面容。当你准备出门时，她会跟你汇报今天的天气，并且由于她能够同步你的日程，所以你快迟到时，她还会提醒你赶紧出门。白天你还能和她发信息——要是告诉她你在回家路上，这会让她非常高兴。Azuma 会一直陪着你，直到入睡。

除此以外，还有枕边伴侣。女性独身一族最怀念的是在伴侣臂弯中入睡的感觉。为了再现这种触感，一家公司研发了一种人造手臂和人造胸脯。女性独身一族可以选购不同伴侣的手臂类型：细瘦的穿着睡衣袖子的传统型伴侣；或者是有古铜色皮肤和健硕肌肉的手臂，喜欢赤裸上身睡觉的伴侣。

Pacing Oneself

1.9

放慢
脚步

独身一族

年轻的独身一族认为,他们拥有其他同龄人所没有的东西——时间。韩国作家朴洪顺(Park Hong-Soon)认为,我们生活中越来越多的冗余事物和信息造成了精神和肉体的疲劳,同时还对我们的空间造成压力。考虑到这些冗余事物和信息,朴洪顺认为独身一族的生活方式是肉体和精神的放松。独身一族通过简化和减少外在的欲望以全身心投入内省。对韩国年轻人而言,放缓不是个人意愿的问题,而是一种生活方式的选择。在快节奏而又充满竞争的社会,独身一族可以蜗居在狭小的外在空间里,换来的却是广阔的内在空间。因为在那里他们可以决定有多少时间可供自己使用,怎么利用这些时间,以及如何激励自我。

对有些人来说,这一选择多少有些离经叛道,甚至与爱国背道而驰。但对另外一些人而言,这似乎又是必要的,因为这是一种可持续的做法,并且不是对一个国家的尊重,而是对整个世界、对共存于同一星球上相互交融的大社群的尊重。各类独身一族博客都谈到,有必要去选择什么是真正需要的,什么样的事物能够增添生活的价值,以及摈弃剩余的一切。像独身一族一样生活意味着要更加节俭以及审视真正的需求——我们自己的,还有这个星球的。即使生活得更加简单对于不同的人有不同的意义,但据独身一族所言,这种生活方式至少有两种结果对所有人来说是一样的:消灭人生路上的障碍可以让我们减少对环境和社会带来的伤害,也能让我们拥有更多的时间,这就意味着能有更多的自由找寻我们想要赋予自身存在的真正意义。

内向性格

中间性格

外向性格

独身一族
的相性

虽然 honjok 这个词指的是独居且喜欢独来独往的人，但独身一族却有着各自不同的性格，并且不是所有独身一族都是内向的。一个喜欢独自吃饭的人与一个喜欢和别人一块吃饭却爱独自旅行的人是否可以归为同一类呢？内向性格—外向性格衡量标准对所有人适用，包括独身一族。

尽管这些名词可以帮助我们了解不同社交方式之间的差异，但我们必须谨记，与这三个类别相比，现实往往复杂得多。

内向型独身一族

如果你喜欢自己一个人消磨时光，喜欢独自而非一起去做各种事，那么你很有可能属于内向型独身一族。内向型独身一族在独自完成活动以后会感到精神抖擞。虽然这类独身一族非常坚信一个人也能干成事，但他们却可能会因他人对自己的看法而感到尴尬或羞怯。比如，他们绝对不会去起码要排一个小时队的著名餐厅独自吃饭。他们更喜欢在得来速[1]里买些东西，然后在车里吃。

中间型独身一族

如果你有时觉得内向，有时又觉得外向，并且能够视情况在两者之间切换，那么你可能跟"中间性格"型独身一族有些共同之处。这类独身一族喜欢和其他人一起消磨时间，但也一定要有属于自己的时间。典型的中间型独身一族酷爱空闲时间，喜欢独自阅读或看电影，却喜欢和别人一起做别的事，比如旅行。

外向型独身一族

如果你不羞于独自做事，并且无论是独处还是和他人相处的时光都同等珍视，那么你应该属于外向型独身一族。这类独身一族随和、开朗且待人友好，因为他们非常享受他人的陪伴。他们喜欢出国旅行，住青年旅舍并交新朋友，在国外餐厅一个人吃饭时也不忘跟服务员聊上几句。

---

1 drive-through，不用下车即可得到服务的餐厅。

独身一族的类型

✲　　　✲✲　　　✲✲✲　　　✲✲✲✲

哲学家（内向型）✲

　　如果与其他事相比，你更喜欢自省，那么你也是哲学家型独身一族的一分子。这类独身一族对那些已经和自己建立关系的人更为随和。他们喜欢的消磨时间的方式，是沉浸于能让自己快乐的事情中。他们酷爱独自去博物馆和看电影。尽管他们一个人时会更加自在，但在公共场合独自吃饭会让他们倍感尴尬，因此经常能看到他们从外带餐馆里打包食物。

极简主义者（内向型，中间型）✲✲

　　你会担忧环境和经济的未来吗？在购买"买一送一"的产品前你会三思而后行吗？你可能属于致力于过细致而极简生活的极简主义独身一族。极简主义独身一族喜欢一个人到学校饭堂或者公司食堂吃饭，因为这些地方更加经济实惠。他们也热衷于购买针对单身家庭的产品，以此来节省开支和避免浪费。他们对旅行并不是特别感兴趣，和别人一起去餐厅也只是为了共付账单以节省花销。

独立型（外向型）✺✺✺

不要因为独立型独身一族喜欢社交就过分评判他们。他们在某些场合可以很外向，吵吵闹闹的，但私底下他们喜欢一个人在家边吃饭边看喜爱的电视节目。他们甚至还执着于独自旅行这一想法，也不时地试着去安排这样的旅行，但每一次尝试最后都会以邀请朋友同行收尾。他们和朋友一起玩会很快乐，但也会倍感疲劳，期盼着回到家能一个人洗个舒服的热水澡。

YOLO 型（外向型）✺✺✺✺

缩略词 YOLO（You only live once）来源于网络用语，于 2010 年前后在潮流音乐和文化中盛行。该词意味着要活得尽兴，不留遗憾，有时还要冒险。YOLO 可以用来形容独身一族的一种性格，这样的生活方式建立在只为自己一人而活的基础上。这类独身一族过的是奢华的单身生活：公开分享他们的日常生活，钱都花在了美食、旅行甚至宠物上。典型的 YOLO 型独身一族会有一两个能占据他们一整天的爱好，他们没有伴侣，大多数曾经住在国外或者到国外旅行过。

郑恩静的一天

29岁，女性，YOLO型

恩静跟她的四脚兽朋友孙德（SunDuk）住在一起。她的一天从早上和她的狗散步开始，然后回家，吃早饭，接着准备上班。漫长的一天工作结束以后，她就想回家，照着最喜欢的博客上的菜谱做一顿美味的晚饭，然后看看网飞。但现实并不能总让恩静如愿以偿，她往往因为下班回家晚，只能对付着做一顿简餐。

自己一个人做饭对恩静来说是个挑战，部分原因在于她要从韩国传统超市中购买当地原料，但这些原料往往是大批量出售的，而她要做的却是单人份食物。要做饭的时候，恩静会先看看在线节目，想着吃饭的时候要看什么。她通常会看吃播，因为她想把最爱的节目留到睡觉前再看。吃过晚饭后，她会再遛一下孙德。

然后和它抱抱，准备睡觉，睡前还会看一场电影或者一集连续剧。

有时候恩静的一天还会以在海边上冲浪课开始，上完课就像往常一样去上班。工作日午餐是她一周当中唯一和别人一起吃饭的时间。

与工作日相比，周末并没有什么不同：她会有多一点的时间跟孙德出门，去散散步或者去海边转转。周末对她来说很重要，因为她可以把时间花在艺术和其他爱好上，比如刺绣以及织毛线，或者只是把她小房子里的家具搬来搬去，尝试一下新布局。只要她有事情可以自己做（以及和她的狗一起做），她就永远不会感到无聊。

HONBAP

独食
独自进餐

혼밥

在韩国，独居的人大约有一半进餐都是独自进行的。独身一族用一个特定的词来形容独自吃饭：honbap。这个新词由 hon（独自）和 bap（米饭，在韩国泛指食物）构成。在韩国，食物不仅仅是一种建立联系的方式，同时还能定义社会角色——无论在家庭中还是在公共场合。因此，排座次就成了反映社会不公平现象的许多情景之一，餐厅本身也变成了独身一族上演代际和社交矛盾的又一场合。年轻的独食族在吃饭的时候会将自己从这个等级制度赋予的刺眼标签中抽离出来。但与此同时，他们也承受着失去聚餐社会化积极影响的风险，而这正是整个韩国饮食传统之所在。

实际上，煎鸡蛋是最受独食族欢迎的食物。韩国一项研究表明，对聚餐的人群来说，简单快捷、人与人相互熟悉的程度以及食物的味道同等重要；但对那些独自吃饭的人而言，简单快捷才是吃饭唯一重要的。对他们来说，一顿饭最不值得称道的是其味道。在独身一族的小居室里，煮方便面或者加热冷冻比萨会更简单。食物的功能性才是首要的（甚至连其健康性都未必如此）。这引起了老一辈韩国人

HONBAP

的不安，他们意识到许多韩国年轻人未来将不再有能力烹饪传统的韩国菜肴。有没有可能仅仅因为几代人更喜欢自己一个人吃饭，上千年的饮食传统将会逐渐被遗忘了呢？

这一现象不仅在韩国正为人们所接受。美国作家迈克尔·保伦（Michael Pollan）写道："我们正在与一种试图摧毁饮食文化的体系做斗争，这一体系更希望我们在自己的车里用餐，而不是与他人一起。"越来越多的成年人选择独自用餐，甚至在全球的其他地方也越发频繁。然而在某种程度上，与他人一起吃饭的观念依然根植于全球的集体认知里，在包括韩国在内的许多国家，独自吃饭仍然常被视为出格的表现。纵然在现在这个世界多极化的节点，对众多国家的大部分人来说，"社交性吃饭"依然是常态。一方面，有人觉得一个人吃饭是不良行为，甚至有人会声称一个人吃的饭根本不能被称为一顿饭（最多只能算一顿点心）。另一方面，有人将孤独性用餐解读为对公众控制的逃离，以及对社交活动消极影响的规避。

近年来，随着外卖软件、在线视频和快餐公司的兴起，独自吃饭变得越来越方便，也越来越为人们所接受，关于用餐的讨论在韩国乃至世界范围内愈演愈烈。但数百年来，哲学家和作家们早就在这个话题上各抒己见了。大约 2000 年前，希腊哲学家伊壁鸠鲁（Epicurus）就认为独自吃饭是一种不文明的行为，独自吃饭无异于像狮子、老虎一般活着。法国哲学家让·鲍德里亚（Jean Baudrillard）提到了动物世界，认为没有什么比独自吃饭更违反动物世界的规律了。

独食

他认为，分享或者争夺食物是动物的特性。但在古代也不乏独食一族的支持者。一天，罗马政治家卢库卢斯（Lucullus）因为厌倦了和别人一起吃饭，所以为自己要了一份饭菜。但当饭菜送上来时，他发现饭菜并没有按照宴席的传统标准来做，于是便向厨师抱怨。厨师回答道，他觉得没有必要为一人份的饭菜投入这么大的精力。卢库卢斯反驳道，正是因为他要独自吃饭，所以厨师才应该打起十二分精神来准备他的饭菜。不难发现，在人们眼中，独食既是一种优势也是一种损失，整个独食运动也是如此。正如在每一次社会和文化变革中，获利和损失都是相伴而行的。如此一来，鉴于独食并非一场孤立的运动，而是全球化的趋势，因此发掘年轻的独食一族与食物之间的联系方式，以及学习如何不带着内疚和羞耻的情绪享受一个人用餐，将是一件趣事。但最重要的是，观察韩国人如何去调和新的独食生活方式与古老的饮食传统，对于其他可能面临同样代际危机的国家而言，不失为一个借鉴点。

2.1 从泡菜到帕尼尼

From Kimchi to Panini

独食

说起韩国菜式，首先要提到的基本价值就是等待。韩国人豪言，尽管"慢食"一词是在意大利被发明的，但没有哪个国家比发酵食品之乡韩国拥有更多的慢食。等待的时间越长，食物的品质就越好，比如最受褒奖的酱油已发酵了超过60年。有一句名言这样说，在母亲怀孕时就着手准备（食物）是为了能在孩子婚礼上享用。另一个重要的价值则是分享。韩国人会在餐馆里点一大盘菜和他人分享，里面会有像塔帕斯（tapas）一样的配菜用来当下酒菜，甚至有时这些量小的下酒菜也会和他人分享。与西方国家不同，在韩国，几乎没有人敢单独为自己点菜。

独食的生活方式涵盖了以上两个原则。独居意味着可以自由选择自己要吃什么，但也意味着要摒弃韩国传统菜式的准备和分享过程。制作诸如泡菜这样的发酵食物通常需要一家人的参与。年轻的独食一族由于空间、时间以及现实限制等，目前而言还是更倾向于选择实惠方便的菜式，如方便面、米饭加简单的配菜以及三明治等等。因为担心独食的生活方式会破坏代代相传的传统，韩国人正在寻求解决之道，比如面向单身人士的餐饮服务以及推出可烹饪小分量传统菜式的机器。有人认为，年轻独食一族的身份危机会促使韩国菜式在烹饪和分量方面变得更加方便快捷，从而催生出更具国际化的韩国菜，以征服世界各国的味蕾。

2.2 一位，谢谢

A Table for One, Please

独食

在韩国有这样一句话：一个人吃的饭不可口。但一人食餐厅的老板和顾客可不会同意这样的说法。和一人食餐厅最相似的场景就是开放型办公室。一张张看起来像办公桌一样的木桌面朝同一方向分两列摆放，如同在飞机上。每张桌子中间都会用隔板隔开，以隔绝他人的目光，还配备一个屏幕和一台电炉。是的，这样你就可以在一个介于公共场所和私密场所之间的奇特空间里边看电视边煮自己想吃的食物了。

在进入任何一家韩国餐厅时，你通常会听到这样的问题："几位？"假如用餐是社交、闲聊和分享，那么一个人单独吃饭就会被认为是一件很悲哀的事（若非必要的前提下），甚至是一件耸人听闻的事（假如是出于个人选择）。然而在一人食餐厅，老板只会建议你想坐哪儿就坐哪儿。

越来越多的韩国年轻人在践行独食的生活方式。韩国健康促进会 2019 年发布的一项研究结果显示，大部分独食一族的年龄处于 20 到 30 岁之间。决定一个人独食的主要原因是可以自由选择用餐时间和菜式，有时候也因为没有人一块吃饭，以及没有时间和别人一起吃饭。在一部分韩国人眼里，一人食餐厅是一个可悲的地方，里面满是没有朋友的失败者，他们在此将孤独化为食欲。但在其他人的眼里，韩国的社会文化中爆发了一场崇高的革命，揭示了为独自一人吃饭而羞耻是毫无意义的，而这些一人食餐厅正是这场革命的标志。

2.3

自信的修炼

An Exercise in Self-Confidence

独食

近年来，好几位名人已经在镜头前身体力行地践行了独食，无论是通过他们的 YouTube 频道还是全国电视直播。流行明星的认可催生了人们对这一新趋势的兴趣，也令其越来越为韩国年轻人所接受。韩国明星黄美英（Tiffany Young）近年来频繁在 YouTube 上发布自己一个人吃午餐或晚餐的视频。在她的一条名为"美英一个人吃拉面"的视频中，这位歌手笑称在韩国人都觉得越发尴尬的场合下，一个人吃饭是要有自信的，而独食就像一款电脑游戏一样，将这种自信划分成了九个层次。

我们是独食菜鸟还是职业选手？

在下面这些场景中，独食是否会让我们感到困难？

1. 选择紫菜包饭还是拉面？在家吃还是在店里吃？很多人都会碰到这样的选择难题。

2. 在一人食很常见的小饭馆或者自助餐厅。

3. 在许多人自己对付一顿的快餐店。

4. 在一间独自一人用餐且顾客很少的咖啡厅。

5. 在一家找不到一个人位置的中国餐馆。

6. 在往往是和别人一起去的著名或有情调的餐厅。

7. 在家庭经营型的餐厅，过多提问可能会让我们觉得被评头论足。

8. 在常被成群结队的人光顾的韩国烤肉店。

9. 在酒吧喝酒并遭到他人评头论足。

2.4 吃播

Mukbang

独食

另一个现象自独食出现以来就一直随其风靡。这个现象名叫吃播（mukbang），由韩语"吃"和"秀"两个词组成。实际上，吃播是一档主持人边吃边对着镜头说话的电视节目。该节目于 2009 年推出，2011 年出现在 YouTube 上。自此之后，吃播就开始在韩国以及世界各地流行开来（尤其是在美国）。

最开始的时候，吃播是指在镜头前吃分量大得吓人的食物。主持人每吃一顿就会收到观众上千美元的打赏，这些打赏又反过来刺激他们去满足聊天室里的奇怪要求，比如吃得越大声、越脏乱越好。

然而，吃播也随着时间的推移有了更广泛的含义。除了连续吃汉堡以外，其他的博主也通过制作韩国传统美食和以沉着的方式用餐收获了名气。比如我最喜欢的吃播博主是唐妈妈（Mommy Tang）。她奉行素食主义，观众经常可以看到她在吃面条或者制作诸如泡菜之类的韩国传统美食。她的频道有 50 万粉丝，对此我毫不吃惊。她的视频内容简单又日常，比如在厨房里忙前忙后，让人一看就倍感亲切，同时还有催眠的功效。

独食和吃播同时出现并非偶然。分享餐食是韩国很重要的一个传统特色，许多独居又独食的年轻人利用吃播来重获归属感和分享感。尽管是在自己家里吃饭，但互联网已然令一些吃播博主成了数以百万计韩国年轻人餐桌上的客人。

2.5 告别礼节

Farewell to Etiquette

独食

在韩国，想要坐上餐桌又不犯错并非易事，正确的饭桌礼节异常严格。有独身一族称，这套礼节背后隐藏着对等级制度的掩饰，在这一制度之下，那些不清楚或者没有做好礼节的人会备感羞愧。韩国年轻人从小就非常熟悉这些礼节，但现在他们更享受推倒它们的过程。对独食一族而言，一个人吃饭意味着将自己从传统礼节的束缚以及它所代表的社会不公中解放出来。

要推倒的礼节：

牢记等级

当我们与他人一起用餐时，首先要做的就是分辨一系列的社会等级：家庭聚餐时可能是年龄；公司聚餐时可能是职衔；朋友或熟人之间则是等级。如果因缺少足够的信息而无法了解席上人员的地位高低，那么我们就不知道要什么时候才能动筷（年纪最长或地位最高的人最先动筷），也不知道要坐在哪里（坐得离门最近的是年纪最小的）。独食一族则可以免受这些算计之苦，进到餐厅想坐哪儿就坐哪儿，也不必在动筷前说一通客套话。

紧跟他人的节奏

跟一群人吃饭时，吃饭节奏快慢不一的情况时有出现。然而在韩国，一定要特别留意配合别人的用餐节奏——吃得太快（他/她是不是想快点走？）或者太慢（是不是饭菜味道不合胃口？）可能都会冒犯别人。部分韩国人认为，配

HONBAP

合他人的节奏已然成为一种下意识的行为了。但其他人(包括许多独食一族)认为,只有一个人吃饭才能找回自己的节奏。

不能把盘子举起来

与许多其他的亚洲国家不同,在韩国,把盘子或碗举起来消灭掉最后一口饭或汤是很不礼貌的。然而自己一个人在家时,便不必遭受他人的嘲讽和批评。独食一族可以随意地举碗,避免浪费。

要坐着吃和在室内吃

边走边吃也是独食的一大乐趣。以前,对韩国人而言,手里拿着冰淇淋或咖啡边走边吃,就跟在街上看到有人在一天最不适宜的时段拿着健力士啤酒豪饮一样怪异。现在这样(边走边吃)的人不在少数,因而这一习惯也就越来越普遍,没有人会再感到稀奇了。

独食守则:
不要受服务员影响

作为独食一族,你不必为一个人吃饭而感到不安。进餐馆并说明只有一位时,要抬起头来,不要怕被评头论足。吃一顿一人食午餐是一种自由的行为。

独食

不要因为害怕而不敢要带景观的位置

没有任何事情表明，仅仅因为只有自己一个人，就要躲在餐厅的角落里吃饭！

关注食物而非别人

独食一族对待食物比其他人更热情、更细致。相比于边吃边聊，吃一顿独食餐就是一次运用所有感官来享受食物的独特机会。

准备一个消遣物品，但不要影响到别人！

吃饭的时候想看场电影，没有任何问题。但如果是在餐厅的话，还是要戴上耳机或者看字幕，以免打扰到周围的人。

在家里想怎样就怎样

或许对于独食一族而言，最重要的一点就是在家里吃饭，想怎样就怎样：在饭桌上吃、在沙发上吃、在床上吃；边吃边看电视，或者玩手机，或者听音乐；吃得快，吃得慢，又或者时快时慢。在你的私人空间里没有规矩可言，在这里食物再一次变成了营养的来源，不再扮演社交习俗中的角色。

2.6 食物的分量

Food Portions

独食

　　随着独食一族人数的增多，食物的分量在减少。为了满足年轻独食一族的需求，食物的分量必须改变。近年来，小型超市或便利店出售的一人份快餐在年轻独食一族中取得了不小的成功。但近来，独食一族中的许多人却开始谴责这样的个性化服务。与过度的包装（通常是塑料制品）使用量相比，这些一人份食物微乎其微的分量则显得名不符实了。

　　除了寻求更可持续的选择以外，韩国年轻人已经习惯了健康食品，而且许多人并不想深陷快餐文化，也不想完全摒弃使用新鲜食材烹饪的做法。"烹饪包"（meal kits）似乎是未来的解决方法。这类烹饪包中有盒装的一系列菜谱，以及所需要的一切新鲜食材。包装盒大小不一，依用餐人数而定，盒内有无包装的新鲜食材，比如几个蒜瓣、一点香料、一把大米，以及所需数量的蔬菜。这对独食一族来说是革命性的：做一人份的饭而又不必有剩菜占着他们的小型冰箱。

　　独食一族对于食物分量越来越小的需求促使一些韩国研究人员改变西瓜的基因，来控制它们的单个大小，其成果就是"苹果西瓜"——跟苹果一样大小且瓜皮可食用的西瓜。自2020年6月以来，这一农业发明成果就开始出口新加坡和中国香港，并获得了巨大的成功。或许某天它也会出现在你们当地的超市里。

在韩国文化中，食物是其他一切事物围绕的中心。吃饭意味着一起享用美食。与任何一个人——家人、朋友、同事或我们所属的任何其他团体——一起吃饭，以避免孤独。一顿典型的韩国餐食由一碗米饭、一道主菜、一碗汤和一系列配菜组成，其中还有屡见不鲜的泡菜。所有食物都是一起分享的。韩国人总是问对方"你吃过了吗"，就好像询问别人过得怎么样。吃饭是一项基本的社会活动，是韩国人生活中的一项日常活动。这就是为什么一个人吃饭的想法往往与极度的尴尬无异。

在韩国人的思维方式中还融入了另一个概念，这使得人们不愿意接受独食。这一概念被称为"察言观色"（nunchi），指的是对他人和周围环境的感知。察言观色就像第六感，使韩国人在任何时候都能注意到周围人的想法和感受。

正是由于他们有察言观色意识，使得独自坐在餐桌前或一个人进入烤肉店（通常是集体常去的地方）于韩国人而言异常艰难。有些人在餐厅里独自用餐时会感到害羞和不自在。对有些人来说，甚至想到独自在家吃饭也会难以接受。

55

雪狐（Snowfox）是首尔最大的外卖餐厅之一，其宗旨是以合理的价格提供顶级的新鲜膳食。雪狐的菜单包括热菜、沙拉、寿司和三明治。这家企业在开始时并非专门面向独食一族，但其氛围和宗旨使它成为许多年轻独食一族的参考选择。我约见了韩国雪狐的首席执行官白贤珠（Hyunjoo Baek），讨论了她的客户、最近的趋势和雪狐的未来。

　　"雪狐的货架上摆满了健康的、现成的新鲜菜肴。人们不需要等待他们的订单，而这是在传统餐厅吃饭最艰难的环节。更重要的是，我们的餐厅提供了舒适的氛围，有单独的桌子和椅子，也有适合大集体的包间。即便是想独自吃饭的人，在我们的餐厅也会感到很自在。我们的大多数顾客都是一个人吃饭。我不确定是因为我们的装潢布局更受喜爱，还是因为我们的餐厅在独食一族圈子里流行开来。我们并没有专门为独食一族设定服务，但独自用餐的文化已经悄无声息地变成了韩国文化的一部分，这也是我们成功的保证。

　　"我们希望为尽可能多的人提供方便快捷的健康食品。我认为单独吃饭的人群会越来越壮大。作为独食一族的参考选择，我们必须专注于使用尽可能新鲜的食材，以便为顾客制作健康、美味的食物。"

57

独食一族的类型

✽　　　　✽✽　　　　✽✽✽　　　　✽✽✽✽

你一个人吃饭时有多惬意？根据一个人吃饭时的放松程度，看看自己属于以下哪一类。

新手 ✽

如果你喜欢星期天下午独自在咖啡馆里喝杯好茶，看本书，你应该还是一个新手独食族。你仍然觉得有点胆怯，不敢一个人吃大餐，但不能放弃独自喝咖啡的机会。如果你碰巧感到非常自在，可以继续点些糕点或饼干。这个级别的要求不高，独自在咖啡馆吃早餐、喝杯卡布奇诺、吃个巧克力可颂就够了。

高效型 ✽✽

我们都知道，现代社会节奏飞快，时间变得越来越重要。高效型的独食一族为了在白天有更多的时间而选择单独吃午餐。这与下单（或去购买）外卖食品是相辅相成的。例如，有些高效型的独食族可以坐在快餐店柜台或咖

Honbap

啡馆的桌子上吃，即使在到处都是人的情况下。高效型独食族在吃饭时不会受到其他人的影响。如果你是典型的高效型，你可以利用午休时间完全专注于自己，学习新的技能——甚至可能是一门新的外语。

潮流引领者 ✳✳✳

如果你喜欢在社交媒体上分享日常，喜欢探寻值得一去的好地方，那么你可能属于引领潮流的独食一族。这类独食一族不介意独自去探索新事物——在内心深处，他们更喜欢独自做事，而不是和别人一起做。你是唯一一个愿意排两个小时的队去在 Instagram 上看到的时尚餐厅的人，而你的朋友们却不会这么做。在等待结束时，你完全不介意独自坐在桌前，专注于你的食物，甚至可能会拍张照片发布在社交媒体，与你的虚拟朋友们畅谈。

"我现在就要！" ✳✳✳✳

如果用餐是一种自发的行为，与社交无关，比如你会独自在顶级餐厅用餐，那么你可能属于专业级独食一族。你可以随心所欲地点菜，并独自食用。即使周围有大群人在一起用餐，并偶尔讥笑你，你也不会感到羞耻。对你来说，没有零食或正餐，食物也不分档次。如果你想吃一些特别的东西，即使是昂贵的食物，你也会不假思索地去吃，而且你也不需要等待时机与他人分享食物。

孤独与陪伴

如果你问独身一族，他们不能没有的五样东西是什么？流媒体肯定是其中之一，无论是YouTube、Twitch、Netflix、Whatcha、Amazon Prime，还是其他。如果你问独食一族同样的问题，他们会更明确地回答你：任何播放人们吃饭的流媒体平台，也就是吃播。为什么吃播会成为独食一族的必需品？怎么会有人如此喜欢看一个陌生人在镜头前吃东西？也许这与韩国饮食中社交的重要性有关：吃饭一直是我们与家人、朋友一起做的事情，一起吃饭让我们感觉更好。它使我们能够分享Jeong，意为爱或联系。对于独自吃饭的人来说，看别人吃饭并不只是单纯的娱乐，这会让他们感到自在，并且不再那么孤独。吃播博主们以分享美食的方式为他们的观众提供了陪伴。自从吃播在互联网上广为流行后，它已经发展出了各种流派，比如下面的例子。

ASMR 吃播

ASMR 是自发性知觉经络反应的缩写。这个术语不好懂,但描述的是一种简单的感觉。听 ASMR 时,通常会让人有鸡皮疙瘩从颅顶开始,然后沿着后颈直达脊椎的感觉。这种愉快而又刺激的感觉,可以让人放松。ASMR 吃播博主们聚焦于人们吃饭时发出的声音,这种声音会让观众浑身起鸡皮疙瘩。从喷喷的面条声到炸鸡的清脆声,ASMR 吃播博主们毫不掩饰地大吃大喝。他们甚至把麦克风尽可能靠近他们的嘴巴。

社交媒体上的直播和故事分享

在吃播兴起并壮大的韩国直播平台 Afreeca TV,主持人通常会在午餐时段播放他们的视频。但吃播博主们已经越来越多地开始使用社交媒体,与观众进行更直接的互动。例如在 YouTube 直播中,主持人可以在聊天室中与观众互动。他们描述正在吃的食物的味道,回答问题,并分享趣事。

竞赛

吃播很突出的一个特点,毫无疑问就是吃大分量的食物。看别人吃大分量食物或多或少会让人感到愉悦,因此也有人专于此道。

写实吃播

光看别人吃饭是不够的,看别人下厨也同样令人愉悦。有些吃播博主认为自己更加自然,不做作("写实"),于是将自己在家下厨和吃饭的过程展现给普通大众。

家庭吃播

　　自己一个人吃饭时却要看别人一大家子用餐，令人又爱又恨！然而对许多独食一族而言，观看这类视频同样令人心情舒畅。有些这样的家庭已然走红，以至于被认为是独食一族圈子的衍生体。

HONSUL

独饮

与自己干杯

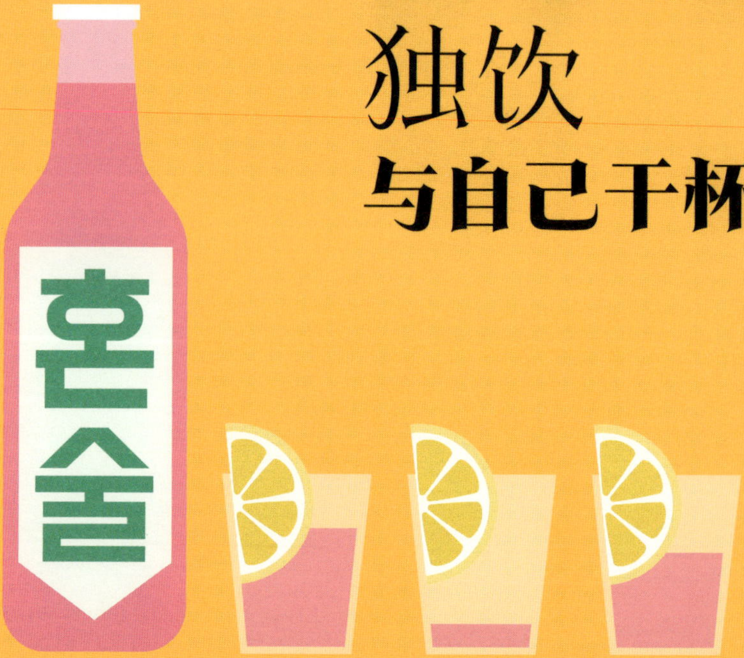

和其他独身一族相关词语一样，独饮（honsul）也是一个新词语。一个人喝酒在韩国年轻人中越来越常见，但这依然还算是一种新做法，并且在韩国并没有得到广泛理解。实际上，韩国的饮酒传统是绵延数百年的酒的内涵与规矩的划分结果。酒也是韩国文化中重要庆典仪式的主角之一，这些庆典仪式往往见证了一个人意义最重大的成长阶段，如成年、结婚、葬礼以及其他传统庆典活动——有些是庆祝健康长寿的，有些是祈求好消息的，或者是感恩丰收年的。

近几百年来，尤其是近几十年来，社会发生了剧变，韩国的饮酒文化也随之改变。如果说过去人们只在特别或者有点隆重的日子喝酒的话，今天酒已然成为大众饮品，不分场合，而且往往是通过微醺以达到破冰和建立关系的目的——尤见于辛苦了一整天以后的同事之间。但和韩国其他活动一样，喝酒的礼仪依然尤为重要。举个例子，不管是倒酒的人还是接酒的人，双手扶瓶或捧杯才是尊重的表现。虽然酒已经相对远离了隆重的概念，却依然被认为是一项分享的活动，是集体活动的黏合剂。喝酒时对于集体的需要会让部分

HONSUL

人倍感压力，因此他们就成了独饮一族，更喜欢自己一个人喝酒。尽管如此，独饮一族在韩国依然被认为是边缘化的群体。别人或许会觉得，一个人喝酒就证明了该个体不属于任何集体。

实际上，社交媒体上成千上万的分享当中，与独饮标签相关的词有很多，其中最常见的词往往会将独饮形容成一种积极的活动，最重要的是一种自己自由率性选择的活动。年轻的独饮一族通常会用"浪漫""氛围""自我奖励""闲情逸致"这样的词来表达独饮是一种爱自己的表现——有点像吃一块蛋糕或者敷一张清洁面膜。诸如"简单"和"率直"这样的词也会同时出现：这些词主要形容的是选择一个人喝酒的简单与自由，不必背负压力。没有必要考虑谁先喝的问题，也不用考虑喝多少才能达到集体对自己的期望。就连"治愈"这个词也频频出现，这是个很有意思的现象。甚至连首尔的一家独饮酒吧的老板，也曾将面向独饮一族的酒吧比喻成心理医生的沙发：独饮酒吧就是个治愈的空间。"所有人在生活里都会遇到艰难的时刻，"这位酒吧老板在接受《韩国先驱报》采访时说道，"人们需要一个诉说秘密和表达感受的空间。"老板随后补充道，一个人面临艰难的时刻时，很难去和朋友分享，这就是为什么很多经常自己去酒吧的人会抓住这样的机会向服务生以及陌生人倾诉，有点像很多人都曾向自己的理发师或者火车上的陌生人敞开心扉一样。如果我们更多地了解独饮一族，或许可以反思自己看待（或者评价）身边独自吃饭或喝酒的人的方式。

独饮

意大利文学批评家埃米利奥·切基（Emilio Cecchi）写道："比独自吃饭的人还凄凉的人只有一种，那就是独自喝酒的人。独自吃饭的人好比孤零零待在食槽边的动物，但独自喝酒的人却如同自杀一般。"诚然，有时候独自喝酒确实是忧郁和酗酒的起始症状之一，代表着切基所指的个体的毁灭。但事实并非总是如此。也许独饮一族会帮我们认识到，一个独坐在酒吧里一手捧书一手拿酒的人，真的不需要我们同情。

3.1 韩国饮酒文化

Drinking Culture in Korea

独饮

说到喝酒,韩国人比世界上任何一个国家的人喝得都多。研究机构欧睿国际称,假如美国人一周喝3杯酒,俄国人喝6杯,那么韩国人大概要喝14杯。韩国的酒鬼数量比其他国家更多,卫生部估计,每年与酒精相关的社会开销超200亿美元。但韩国民众和政府却对这一数字不以为然,似乎也没有任何想要改变这一饮酒文化的念头。

在韩国,酒比其他国家要便宜得多,人们把它当成日常生活中不可或缺的一部分,尤其是上班族。下班后和同事一起喝酒被看作缓解压力和增进感情的一种重要方式——鉴于韩国有着世界上时间最长和压力最大的工作日,因此这一做法并不稀奇。买醉并不是与同事豪饮的目的,相反,人们把喝酒看作一种破冰和建立关系的方式。韩国人青睐的酒是烧酒,这种酒与伏特加类似,都是用大米发酵而成,但要稍微甜口一些。

韩国饮酒文化的结果就是每到夜幕降临,在首尔总能看到很多衣着亮丽的韩国人醉倒在街头。这类现象曾被网站登载,并分享到其他博客上去。游客和移民也开始在博客上发布韩国的男男女女在街头买醉的照片。上传照片的外国游客在震惊的同时,也为这一现象的常态化感到担忧,而韩国人却已经司空见惯了。

这一现象的后果有时是十分沉痛的。很多醉倒在寒冷大街上的人有死于失温的风险。然而,许多韩国人拒绝承认喝醉是造成失温症的主要原因。媒体和公众似乎也常常

HONSUL

会忽略这些事实，并继续笃信失温造成死亡是因为吹了太多电风扇这样荒诞的说法。"风扇致死"的说法源于20世纪20年代，当时对于电风扇这一新技术的质疑初见端倪，并一直流传到了今天（同样的情况也出现在日本，只是没有如此严重），即便这样的说法完全没有确切的证据证明其真实性。

我们应该如何在这样一种饮酒文化中定位独饮一族呢？在社会酒文化中，我们会将那些独自喝酒的人想象成酒鬼，也就是不能自控的人。但实际上，独饮一族与集体喝酒的人相比，出现的问题往往更少。对他们来说，独自喝酒意味着酒并不是破冰的利器，并且也不会将他们置于屈从集体压力的境地——这往往是越喝越多的一个促因。对独饮一族而言，独自喝酒意味着更专注于味蕾的体验和酒的品质——在这样的情况下，买醉的风险则大幅降低。

当然，独饮一族也会有酗酒问题。但实际上，独饮一族大多拒绝劣质酒，更喜欢高品质原料制作的昂贵酒品。与其说他们是酒鬼，不如说他们是鉴赏家。

为了满足这一新需求，E-mart（韩国最大的连锁折扣超市）已经开始面向年轻的独饮一族推出小号单人份进口啤酒，售价为高昂的1.5万韩元（约等于48美元）。除此以外，许多独饮网红经常会在镜头前边吃边小酌几杯，而不是将喝酒标榜为一项单独的活动。也许独自喝酒这个新潮流可以改变许多韩国年轻人与酒之间的关系——或许还

独饮

能引发韩国人对健康饮酒的重视。目前而言，我们只能希望未来将会如此——这一现象最近才出现，其影响还有待观察。

3.2 买醉释放

Getting Inebriated as Release

独饮

波德莱尔说过，人只有喝醉了才能不受时间的奴役。不管人是因何而买醉，酒精、诗歌抑或美德。甚至，连韩国作家朴宏顺（Park Hong-Soon）也将喝醉看作一种解放。朴宏顺称，在一个人人都必须时刻注意言行的社会，很容易就会把喝酒当成一种解脱。在日常生活中，星斗市民常会被当成无关重要的存在，被一个更加强大的体系所碾轧。然而，酒精却能将其从他人以及他人的要求中解放出来，帮助他们了解自身的需要。买醉为我们创造了各种各样的时刻，我们可以在其中化身为大师、国王甚至神。

一位年轻的独饮者写道，沉溺在酒精里对他来说实际上是对自己的信赖。他的自尊心取决于其他人对自己的看法以及钱包里有多少钱。他常常感到焦虑，有时候还会感到渺小。但喝酒时的感觉却截然不同：忠于当下自己的所感所想，浑身充满要将那些让自己不自在的看法和评价从生活中剔除的冲动。

但朴宏顺还认为，在一个个体自由被极大承认且"出格"言行也能被接受的社会中，就没有为了获得掌控自我的感觉而买醉的必要。或许到那时，即便在韩国以外的国家，我们也可以试着承认自己买醉的原因：是不是因为喝醉了，我们就会不再受别人对自己的评价的影响了？也许我们买醉是为了有勇气去说或做我们清醒时不敢说和做的事。要是这样的话，我们就应当听从朴宏顺的劝诫，试着从自身而非酒中寻求改变的勇气。

3.3 饮酒礼节

Drinking Etiquette

独饮

喝酒和吃饭一样，都有具体的礼节。当韩国年轻人成年可以开始喝酒时，长辈们就会教他们该如何与他人一起喝酒。以下是当中最为重要的一些礼节——记住，一个人喝酒时可以把这些礼节抛诸脑后！

1. 年轻人应为年长者倒酒。同样，级别低的人必须为上级倒酒。这是韩国文化中讲究尊重的一个标志。

2. 倒酒时，必须用两只手恭敬地献上酒，右手拿着酒瓶，左手扶着右手手腕。

3. 当别人给你倒酒时，你要用双手握杯，然后举起酒杯，向给你倒酒的人敬酒后才能喝。

4. 拒绝第一杯酒，尤其是长者或社会地位较高的人给你倒的酒，在韩国是一种有失礼节的行为。最好是接受，但不要一次喝完。因为正常来说只有等杯子空了才能再倒酒。只要你的杯子没有空，就没有人能给你倒酒——如果你不想喝太多的话，一定要在你的杯子里留一点酒。

5. 如果你发现长者或更高等级的人的杯子空了，应迅速自觉斟满。如果对方拒绝，你可以再坚持一次。如果第三次对方还是拒绝的话，那么最好作罢。

6. 当比你年长的人喝酒时，礼貌的做法是侧一下脸。咀嚼吞咽时，也尽量不要与别人有目光交接。

3.4 烧酒与韩流

Soju and K-pop

独饮

烧酒是独饮一族经常喝的酒，也是韩国最受欢迎的酒。喝烧酒通常是一群人喝的，但现在也有越来越多的人开始独自品尝。烧酒是大米、大麦或小麦的蒸馏物，但在制作时有时也会用到淀粉和马铃薯。烧酒喝起来有点像偏甜的伏特加。成年韩国人平均每周要喝一瓶半的烧酒。2011年全球销量最多的烧酒为真露（Jinro）公司出品。烧酒在13世纪时发源于韩国，此时正值蒙古入侵时期，蒙古人从阿拉伯人那里学到了新的蒸馏技术。

甚至连韩流明星（韩流即知名度很高的韩国流行音乐）也化身烧酒代言人，从而推动了烧酒走出国门。《江南Style》的演唱者鸟叔（Psy）告诉英国《星期日泰晤士报》，烧酒是他最好的朋友。2014年，仅21岁的韩流歌手IU成为Chamisul烧酒的代言人。2018年，韩流女子组合Red Velvet（红色天鹅绒）的成员裴珠泫（Irene）代替IU成为新的代言人。YouTube上随处可见韩流团体成员互相倒酒、喝酒的视频，有时候他们还会比赛谁喝得快。

朴宰范是一名站在韩流文化前沿的韩裔美国说唱艺人，现属Jay-Z旗下的"Roc Nation"（摇滚国度）。在其作为独立艺人取得全球性成功前，烧酒曾是他早期歌曲中的主角。

烧酒作为韩国的一种资源，出口西方的数量越来越多。然而不久之前，烧酒在西方还是无人知晓的。美国人甚至认为烧酒是没有经过正规酒精蒸馏程序的掺水酒。但近年来，

HONSUL

来,烧酒已经开始在美国站稳脚跟了。烧酒在酒类预期销售量增长的排行榜上也名列前茅。与这些数据有关的一些小小的背景知识:烧酒的受欢迎程度超过了日本清酒。得益于人们的口口相传,烧酒也越来越受欢迎——人们喜欢烧酒清甜的口感,单独喝的话非常舒服,但也可以作为鸡尾酒和其他饮品的基酒使用。正因为烧酒易于饮用,所以有人将它形容成"一种危险却又有趣的酒精饮品"。

准备好像韩国人一样喝烧酒了吗?或者说像真的独饮一族那样喝烧酒了吗?——当然,是要正正经经地喝。

礼节

如果和韩国人一起喝酒,那么在倒酒时,必须用双手握住酒瓶,以示对在座者的尊重。如果我们在年长者或地位较高的人中间,我们也应该在喝酒时转身并遮住嘴巴。然而,假如我们像独饮一族一样喝酒的话,也就是单独喝酒,那么就不必顾忌任何形式的礼节。

怎么喝烧酒

烧酒通常是直接饮用或加冰饮用的,要倒在事先放在冰箱内的小杯子里。烧酒一般会喝得很快。有人把它的味道描述为甘甜、清爽、微妙,就像椰子味冰激凌一样。

烧酒鸡尾酒

烧酒似乎也适合与数百种其他成分混合,有点像伏特加

独饮

或杜松子酒。有人将其与柠檬汁、果汁、啤酒、巧克力牛奶或苏打水混合,甚至还有人将它与融化的薄荷味冰棒结合。要是想更复杂一点,可以试着磨碎一点苹果,煮熟,然后放在鸡尾酒的冰块上。

独饮一族的类型

*　　　　　**　　　　　***　　　　　****

第一次约会时：

"你的爱好是独饮吗？"

"对，我喜欢一个人喝酒。"

"真的吗？对不起。你肯定很孤单吧？"

"怎么这么说？"

"独饮一族是那些找不到人一起喝酒的人，对吧？只要想到这一点，我就会感到悲伤和孤独。从现在开始，让我们一起喝酒吧！"

"我一个人喝酒的原因是，我不需要展示自己，不需要花费额外的精力来让别人高兴。我独自喝酒只为自己，这会让我感到很惬意。我想我们以后不必再见面了。"

这段对话取自 2016 年韩国的一部电视剧，名为《独自饮酒》——在韩语中，"Honsul Nam Yeo"的字面意思是"独自饮酒的男人和女人"。即使是对这一概念十分熟悉的韩国人，当中也有人仍然将独自饮酒与感到孤独联系在一起。但是，人们独自饮酒的原因可能是多种多样的。以下是在电视剧《独自饮酒》中可以找到的独饮一族的几种类型。

便利店型 ✻

在韩国，到便利店买酒并在店门口饮用再正常不过了。一些小超市甚至有桌子和便携式椅子，顾客可以借来坐在外面喝。如果你很着急，等不到回家就打开心爱的啤酒，你可能就是便利店型独饮一族。

老饕型 ✻✻

如果你喜欢将不同类型的酒和特定食物搭配，那么你很可能是老饕型独饮一族。作为一名老饕，你迫不及待地想去一家高级餐厅，点不同的酒来搭配不同的菜肴。更重要的是，如果一个人吃饭，你甚至会戴上耳机，试着为此情此景配上完美的音乐。

晚安型 ✻✻✻

现如今，许多人越来越忙。奔走于工作、家庭和爱好之间，一天行将结束时，有人会决定在睡前喝上一杯葡萄酒、啤酒或几口烧酒。如果你喜欢以独自喝酒来结束忙碌的一天，那么你可能是晚安型独饮一族。

网红型 ✻✻✻✻

网红们喜欢一个人去一家好的葡萄酒店，点上优质葡萄酒和甄选芝士，拍些自己酒桌的照片，并附上"# 独饮""# 葡萄酒""# 芝士拼盘"等标签。如果你也认为独自饮酒更方便、更教人愉悦，但还是觉得有必要在社交媒体上发布独自饮酒的照片和故事与别人分享，那么你可能是网红型独饮一族。

独饮俱乐部

The HONSUL Club

Cakeshop 坐落在首尔梨泰院的多元文化区,是一家地下俱乐部,正慢慢成为年轻人夜生活的一个风向标。其音乐类型囊括未来浩室(Future House)、英国贝斯舞曲(UK Bass)、车库音乐(Garage)、迪斯科(Disco)、嘻哈(Hip Hop)、RnB 和其他地下流派。我采访了 Cakeshop 的合伙人塞缪尔·斯旺森(Samuel Swanson),讨论了他在韩国看到的关于独身一族的一些变化。以下是他所说的一些事情,以帮助我们了解独饮酒吧的本质。

"越来越多的人选择独自来这里。如果我们是一个传统的酒吧,人们来这里只是单纯为了社交,那么独自前来的人会很少。但是,人们来这里是为了听音乐的,所以没有理由不让别人独自来听音乐。即使没有人和你一起来,你也可以选择在这里进行社交。

"如果你自己去迪斯科舞厅或酒吧,你不会被迫整晚只和你的朋友说话。一个人去是一种释放自我的体验,但矛盾的是,这也可能是一种社交色彩更为浓重的体验。

"饮酒会导致人们同时失去自己和重新发现自己。有时,要在一个集体中找到自我并不容易。我们酒吧的目的正是如此:它是一个既可以让人们忘掉自我,又能重新找到自我的地方,并且安全、有保障。"

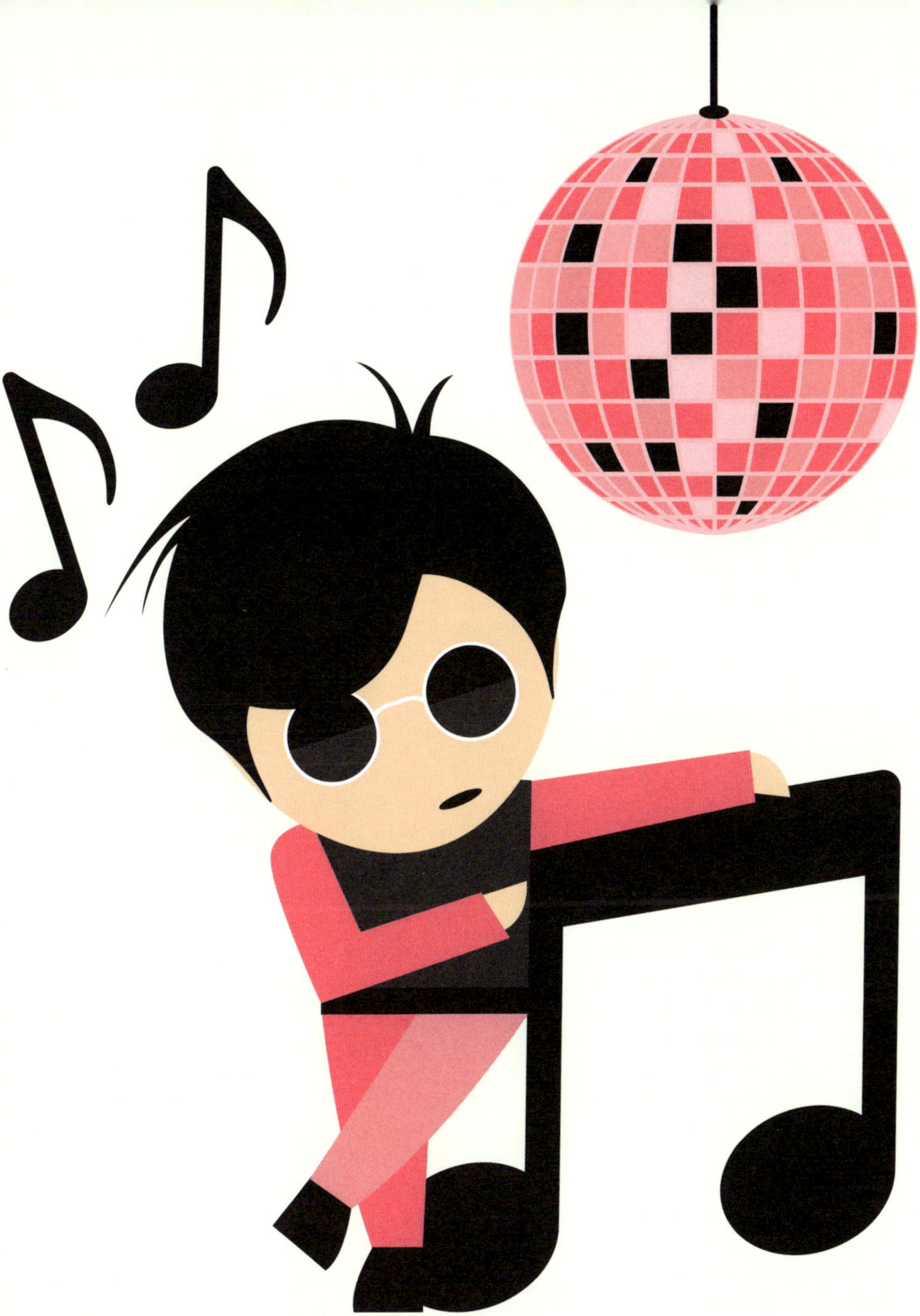

金浩俊的一天

42 岁，男性，老饕型和网红型

金浩俊一个人住在首尔。他最大的爱好是烹饪并在 Ins 上分享他做的饭。他喜欢自己一个人做饭。但要是碰上紧急工作，他就会点外卖或者去老饕型朋友介绍的熟悉的餐厅吃饭。他和别人一起喝酒的机会很多，喜欢将美味的食物和高质量的酒搭配在一起。但只要有机会的话，他还是喜欢花些时间独自品尝美酒。

他早上起床后做的第一件事是准备咖啡和吃早餐。早餐的话，金浩俊经常会加热一下他前一天晚上做的饭——可能是紫菜汤、泡菜和一点米饭。他会把它们整齐地摆放在桌子上，然后拍照，发到 Ins 上并附上"#独食"和"#清空冰箱"等标签。他要做的第二件事就是上网看看今天正餐要吃什么。

他决定今天正餐吃什么往往取决于家里还有什么酒。比如，假如家里有一瓶中国白酒的话，那么他可能就会找一下有什么鸡肉类的菜能搭白酒。每次吃饭前他都会拍照，然后再放下手机专心享用。

独饮一族的相性

轻度饮酒

喝酒庆祝

风险性喝酒

酗酒

在韩国，干掉一瓶烧酒，尤其是在一群人当中或是在结束一天的工作时，是再正常不过的了。但要是自己喝的话，则多少有点奇怪。但我们一个人到底能喝多少？一个人什么时候才会从一个实实在在的独饮一族变成酒鬼呢？

一个漫长的工作日结束以后，喝上一杯精酿啤酒或者一杯好葡萄酒，属于轻度喝酒——只喝到刚好能满足自己，并且喝完以后精神抖擞的量。这是一个人喝酒最安全也最健康的方式。

刚刚升职了？项目刚刚结项了？有的独饮一族会在这时喝上几口烧酒庆祝一下，在这样的情况下喝酒并不是什么问题。然而，若这种只在特殊场合喝酒的行为变成了常态，独饮也将不再安全。

"累死我了。"这是独饮一族的中间程度。处于这个程度的独饮一族不是喝得太多，就是喝得太频繁，并且常常将喝酒与自身的情绪状态联系在一起。他们喝酒或许只是为了晚上睡得更好，或许只是忙了一天，或许是失恋了，又或许是情绪到了低谷期。这样的情况下，喝酒的频率可能会逐步增加。在这一程度内的人知道他们的喝酒习惯已然失控，他们可以通过改变自己平常的生活习惯将酒量降到健康的水准。

最后是独自喝酒至酩酊大醉的独饮一族。这一程度实际上在独饮一族中并不常见，但喝酒喝出问题的情况依然有可能发生。处在这一程度的人过分小看了酒精对他们生活的影响，有时候还会造成严重的后果：他们可能会被吊销驾照，可能会失去工作，又或者导致自己与社会和家庭隔绝。

혼놀

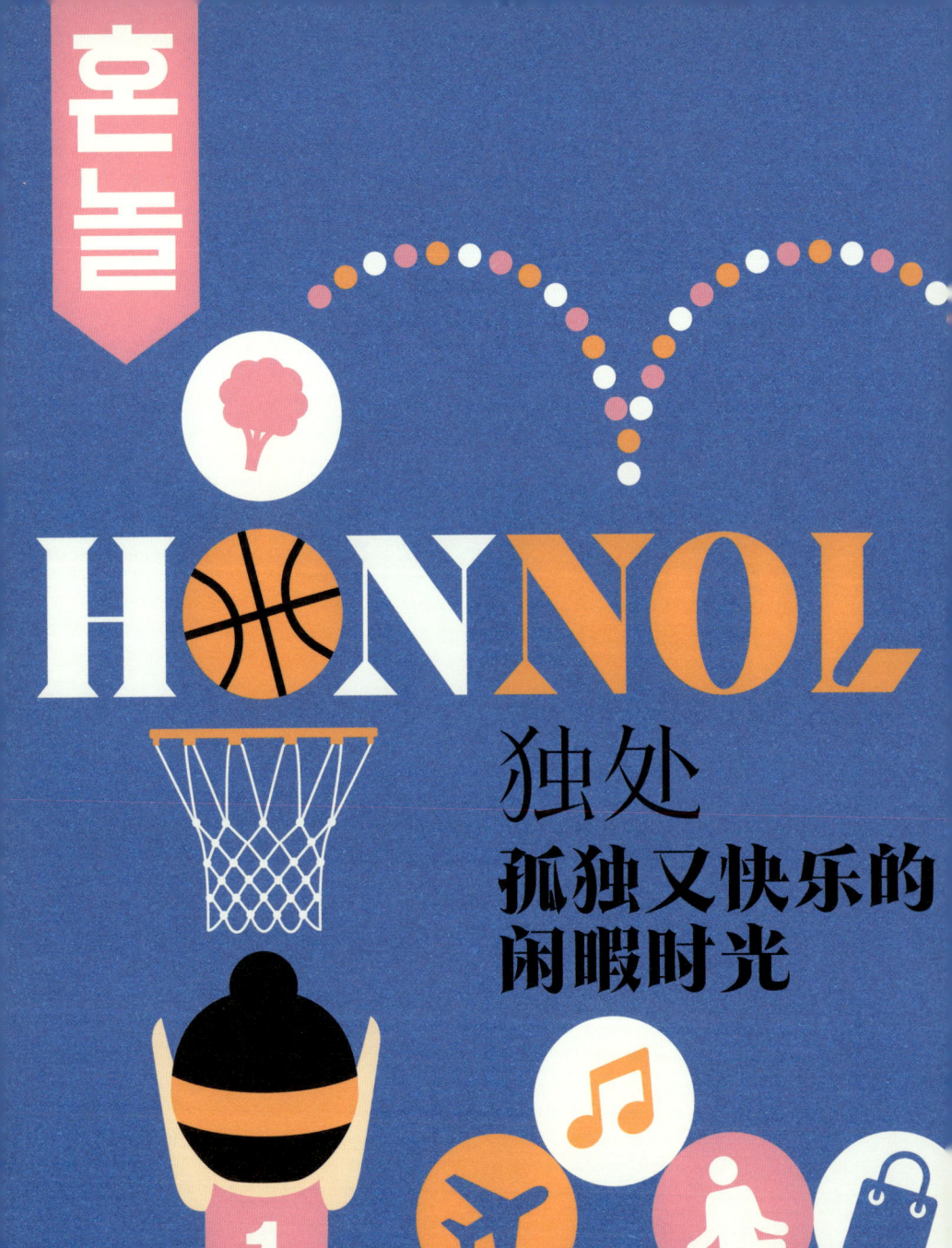

HONNOL

独处
孤独又快乐的
闲暇时光

独处（honnol）的韩语字面意思是"自己一个人玩"。"玩"在这里的意思有点像小孩子一个人时会做的事：消磨时间，玩耍，带着好奇心探索世界。独处这个词已经变得可以用来形容除了吃饭和喝酒以外任何自己做的事情了。独处也并不仅仅指那些独居或者所有时间都用来自我隔绝的人：有人独处的时候会感到不自在和焦虑，也有人会心情低落，但即使这样，依然有人喜欢自己去干点什么，比如逛超市、去报摊、锻炼，或者演奏一种乐器。对那些想独处的人来说，数字化是一把双刃剑：一方面，数字化为人们提供了一个深不见底的信息之井——各种教程、电子书、在线论坛等等——任何需求任何兴趣都能找到对应的资源；另一方面，数字化同时也是让人们不断分心和攀比的罪魁祸首。我们整天盯着手机屏幕，将自己的生活与朋友以及陌生人的生活相比较，不满于自己的现状。我曾看到过这样一种说法：过去我们习惯于向朋友或者同事询问他们对自己发型的意见，然而现在我们却要向詹妮弗·安妮斯顿看齐。把时间都花在手机上对心理健康的威胁越来越大，因为所有人的生

HONNOL

活都可以用手机来记录，人人可见，并且大多是一些积极的生活体验。正因如此，互联网也催生了所谓的FOMO（害怕失联，Fear of Missing Out）现象，这一现象会侵蚀我们专注于自身的时间。

这一现象最早于1996年被营销战略家丹·赫尔曼（Dan Herman）所发现，他随后于2000年在《品牌管理杂志》上发表了该方向的第一篇学术论文。但FOMO这个词是帕特里克·J.麦金尼斯于2004年发表在哈佛商学院的《哈佛商业》上的一篇社论里提出的。FOMO是社会性焦虑的一种形式，其源头是人们认为别人过得比自己更快乐，朋友更多，也更有效率。

这种现象造成的结果就是自己先前度过的时光转瞬就会变成一种糅杂着疑惧、不自信、无聊和孤独的体验。但是独处的时光，从其定义上来说就是截然不同的：我们利用这段时间有意地规避外界对自己造成的消极或被动影响。独处时，我们会努力专注于能够提升自我的活动——益智的、需要体力的或者是真切实际的活动——这类活动能够愉悦自我，并促使我们满怀热情，自由地探索自己与世界。

行独处之道时，我们可以重温一下孔夫子的一些独到教诲，这些教诲经过人们对儒家哲学的不懈解读，已然稳定并具有传统性。孔夫子和其他东方哲学家实际上是比较激进的思想家，他们革新了自身社会的传统，探讨如何生活以及构建一个公平的社会。他们的思考远不止于此：他们发展了一套实用哲学，不关注浩瀚的宇宙问题，而是转向诸如"如何过好平凡的

独处

日子"等琐碎的问题。孔夫子关注的是平凡而切实的事情,而我们也能从中发掘独处之道,即通过细微的举动来促成改变。那些独处的人认为,去尝试新事物,并且专注于过程中自身身体和心灵的感受,将有助于引领自己达到新的境界。

4.1 审视外界与本我

Looking Outside and Within

独处

独处并非一定要从事某种活动，它也可以指花几分钟观察我们的自我世界和外面的事物。博客上有篇文章问，在什么情况下人们会"讨厌"独处的时光？一个身为独身一族的男生回复道："我喜欢自己一个人待着，即便是毫无理由，什么也不做，放空自己。我酷爱这样的时间。"我们总是精神亢奋，这样的状态会让我们越来越难以"什么也不做，放空自己"。手机上的各种通知教人分心，最后麻痹了我们感知孤独真实感受的能力，而这种真切的孤独感正是东方哲学家和思想家们推崇了数千年的幸福之道。

2000多年前的马可·奥勒留告诫人们，不可在自身以外寻求幸福和宁静——或许是"在僻静之地、在乡间、在海边，又或者在山间"。对于有所准备的人，任何时候都可以回归本我或放眼外界，以觅得内心的安乐。

回归本我与冥思一定不能与自我孤立相混淆。前者并不要求我们进行生理或心理上的自我孤立，也并非将我们与外界隔绝开来的一堵城墙。它是我们可以卸去思想和各类刺激重负的容身之所。从冥思做起，可以令我们认识到独处并不单纯只是一项活动，而是一种倾向。独处是在所言所行中发现自我的好奇心，在这一过程中我们都有意或无意地褪去了平日身处外界时所戴的面具。

4.2 自尊

Jajonshim

独处

"假如你有时间向天空抱怨,那么你就有时间照顾好自己。"一个韩国年轻人在自己的博客中如是说。韩国文化异常看重自爱。对韩国人而言,"自尊(jajonshim)"这个词并非单单指自我肯定,同时也意味着一种无论周遭环境如何,人人都可实现的自我认知。韩国大学的一群社会学家撰文认为,自尊赋予了生活一种道德感。自尊蕴含着自信、尊严,同时也是人性使然。当我们的自尊过剩时,其深层含义则是消极的:我们此时是非理性的、自负的和顽固的。但当一个人拥有的自尊刚刚好时,那么他完全可以相信自身的价值。这时,对一个人的道德价值的考量则成了在诸如韩国这样等级森严的社会里一种重要的社会筹码。

尽管自尊在韩国文化中已存在数千年,但它依然可以帮助我们理解特定的独处时刻的深层含义。"我们生活的时代更看重的是实实在在的事物,而非人内心的发展。"一名韩国男生在其博客中如是说。正因如此,年轻的独处一族在博客中申明他们要为孤独腾出时间以"照顾自己",他们所指的与西方美和幸福的理想有着实质性的不同。专注于教导自我需要日常练习,但也并非喝喝茶、去去健身房这么简单。教导自我是一种修炼,是养成发现和培养那些令人感觉良好的活动的习惯,无论我们有怎样的未来,这些活动都可以提升我们对自我价值的认知。

4.3 同理服务

Empathy Service

独处

儒家文化与独身一族文化在购物问题上是相悖的。韩国社会学家泰永恩和金恩智写道,作为韩国集体文化之本的儒家文化,鼓励顾客与商店员工建立以关怀、长期光顾及共同义务为基础的信任关系是其核心。正因为如此,韩国商店的员工会接受培训,时刻保持热情,询问顾客需求并提供自己的建议,以确保顾客能够找到合适的产品。

与此相反,独购(honsho)指独自购物,需要的是一种特别的同理心,不必与别人客套。就在去年,韩国最大的商场之一乐天商场决定实行独购友好化,具体措施是提供印有"独购"字样的标志或贴纸,顾客可以贴在身上以避免店员蜂拥在旁。实际上,店员的产品喜好也有可能对我们有用,但有时店员的打扰或者推销自己不想要的东西的敦促感,会让我们无法停下来思考自己要买什么。这确实让人懊恼。

乐天商场还给这个倡议起了个名字:"情绪同理服务"。能够不受他人的评价影响而购买自己想买的商品,这样的举动在韩国这个以"颜控"(只看颜值,以美丽和风格为重)作为文化重要组成部分的社会里,绝非什么微不足道的事。独购以一种新的方式反映了独身一族不需要时刻接受他人建议和评价的需求。

# 4.4 独身音乐会

Honjok Concerts

独处

"在一场音乐会当中，只要音乐家和观众获得了一种互相交融的体验，那么这场音乐会就算成功了。"吉姆·莫里森说道，"这时将人们隔绝的边界便会消失。"但要是只待在自己的房间里，还有可能实现这种交融式的体验吗？疫情期间，严格的防疫措施造就了一种新的集体聆听音乐会的方式，这种虚拟的方式模糊了独自倾听与集体倾听之间的界限。

走在这一开创性虚拟方式前列的正是韩流。失去了表演，韩流实际上就失去了其价值。因此，全球最为知名的韩国团体防弹少年团（BTS）在因疫情推迟"灵魂地图"的巡回演出以后，破天荒出售起网络直播演唱会的门票，演唱会名为"Big Bang Con: The Live"。

然而，这并非一场直播演唱会这么简单。当歌手们在空无一人的场馆内表演时，他们的面前会摆放一块巨型屏幕，播放着7000多名观众观看直播的画面。这样的技术方便了粉丝们直接与歌手以及与其他粉丝互动和接歌。当然，这样无法让人体会与偶像近距离接触的激动之情，以及演唱会现场的音响效果和成千上万名观众放声合唱。但防弹少年团似乎想借助技术来创造一种交融式的体验，并以此开创一个超越网络直播传统范式的表演文化的新时代。毫无疑问，独身一族将会促成一种新的演唱会文化。

4.5 高歌释放

Singing as Release

独处

自 20 世纪 90 年代初韩国从日本引入卡拉 OK 以来，卡拉 OK 就一直是韩国娱乐业的标配。过去的 30 年里，只要是和朋友、同学（当然最常见的还是和同事）一起玩的晚上，最后都会以引吭高歌数小时结束。对于喜欢从远离他人凝视中寻求释放的韩国人而言，这不是什么新鲜事。所以，他们总是会预定"noraebangs"，字面意思即"私人 K 房"。在这样的房间里，即使是唱得再烂的人，也能在一小圈朋友面前放声高歌，不必害怕他人评头论足。私人 K 房常见于商业大厦的地下层里，所在街区往往因夜生活丰富而闻名。在私人 K 房的入口处，随处可闻从密闭房间里传出来的风格不一的音乐声和歌唱声。

但近些年，似乎越来越多的人不愿意再成群结队地光顾私人 K 房了，有可能是因为允许上班族拒绝雇主提出的社交团建要求，并且还将每周工作时长限制在 52 小时以内的新规定。新式的私人 K 房正在缓步升级换代，并将逐步取代传统的卡拉 OK。投币式私人 K 房——专为个人或情侣推出的小型卡拉 OK 室——不再隐匿于地下，这些新式 K 房不仅灯火明亮，而且饰以亮丽的颜色。传统的 K 房是按时计费，对于单个顾客而言太贵了，这些新式 K 房是按首计费，有点像自动点唱机。这些新式 K 房越来越受独身一族的欢迎，他们光顾这些地方并非仅仅为了独自提升歌技，同时也是为了从思绪中抽离，以缓解压力。

4.6 单人旅行

Solo Travel

独处

卡特琳·兹塔（Katrin Zita）的《为何我独自旅行》（*Why I Travel Alone*）在韩国年轻人中广受好评。韩国女孩金（Kim）被卡特琳的文字触动。她在自己的博客中写道，在许多韩国人看来，独自旅行可能是一种糟蹋自己资源的方式：花费金钱、时间以及精力用来独处是悲伤和矛盾的代名词。

然而金却认为，韩国的年轻人正在爱上单人旅行。一个人旅行是一种精神状态，是一种时刻保持机敏的状态以提高我们观察能力的方法。这样的状态还可以让我们从困难中抽身，专注于自己感兴趣的事情。比如金说自己一个人在巴黎旅行时，参观了30多个艺术展和博物馆，还说到自己一个人去夏威夷进行水肺潜水遇到蝠鲼的经历。

但旅行也需要自省。旅行当中不可避免地会出现难受和迷惘的时候，这会逼迫着我们去面对语言、文化以及现实的限制。假如我们在感到难受和迷惘时能够得到亲近之人的支持，比如朋友和家人，我们多少会安于自己的舒适圈——如此一来，可能会造成刻板印象的加深以及对正在经历的一切的错误解读。但是在周围都是来自另一种文化的陌生人的情况下，独自面对这些难受和迷惘的时刻，不仅是一种自我改变的经历，同时也能敦促我们改变自己理解他人的方式。而且，独自旅行也并不是说要拒绝一切形式的陪伴。相反，独自旅行是带着"不知道自己的旅伴是谁"这样的问题出发的。

4.7

因热爱
前行

Driven
by Passion

独处

"我们常常只能短暂地沉溺于自己热爱的事物当中，但自己一个人过时，却能让我们全身心去追寻所爱。"一位独身一族女孩在她的博客中如是说。有时候社会环境会抑制我们追寻热爱的冲动，尤其是在集体文化中。因为这些热爱与他人对我们的印象不符。我们在集体当中扮演的角色通常代表了我们的主要身份，甚至可能是唯一一个有意义的身份。这正是独处时光如此重要的原因：它给予我们专属的放大镜以探索自身的兴趣，我们可以全身心投入自己热爱的事物当中而不必为其正名。

当今韩国年轻人面临的多重身份冲突的一个典型例子，是电视剧《吉尔莫女孩》中的韩国女孩莱恩·金（Lane Kim）。莱恩酷爱摇滚音乐，但碍于严格的家教以及母亲的宗教信仰，只有在自己的房间里她才能沉浸于摇滚乐中，并且还得小心翼翼地把唱片藏在衣柜里、床垫下，甚至是地板下。莱恩不能在自己卧室以外的地方放飞自我，但在卧室里她可以尽情探索，并且最后甚至还能鼓起勇气在卧室外的世界做自己。正如莱恩一样，独处的时光是我们可以倾注在热爱的事物上且不必在乎他人看法的时光；它是真正意义上的"自由时光"。

4.8 发现新世界

Discovering New Worlds

独处

学习新技能是独身一族最钟爱的消磨时间的方式之一。现如今，不出家门就能学习新技能的方式也越来越多。韩国政府已经建立了一套日趋完善的数字基础设施，并发展出了"无接触经济"。在这一经济环境下，人们无须与现实世界里的人进行互动交流也能做好任何事。新冠肺炎疫情的蔓延推动了无接触经济的飞速发展。下面以几种技能为例，如果没有互联网的话，这些技能是断然不可能自己一个人习得的（经济上也不允许）。不仅在韩国如此，其他国家也不例外。

学习一门外语

越来越多的程序和软件，如 Duolingo（多邻国）和 Babbel，还有 YouTube，使我们能够学习语法、语音和语言的基本规则。比如，手机软件 Tandem（语言交流学习软件）就允许讲不同语言的两个人进行对话并学习对方的语言。当然，学习一种语言的最好方法是生活在一个我们被迫全天候听和说这种语言的地方，直至完全沉浸在催生这种语言的文化中。但是，互联网也可以给我们提供所有需要的工具，为我们打下一个坚实的基础。

锻炼和体育运动

有些运动是一个人做不了的，所以我们自然要寻找健身伙伴来互相激励，一起挥洒汗水。但当我们学习一项新的运动时，尤其是作为一个成年的业余爱好者，在拥挤的健身房里产生的焦虑和遭遇的尴尬会让许多人还没开始就结束了。不能

HONNOL

聚在一起也可能有其他的原因，如缺乏时间、金钱，以及朋友没空，等等。但也有一些运动特别适合在家里通过教程学习。例如，用泡沫球对墙拍打，学习如何打排球，或者购买一个带橡皮筋的网球来学习如何打网球。许多人独自前往城市公园放风筝，在韩国这被视为一项正式运动。

尝试烹饪异国美食

过去我们只能求助于书本来学习外国烹饪传统中的主要菜肴。不仅如此，我们学到的可能只是最知名和最普遍的菜系中的菜肴。然而，互联网可以让我们见识世界各地的特色，甚至让我们找到同一食谱的熟悉替代品。我们甚至可以利用社交媒体向其他国家的陌生人寻求建议。

学习一门乐器

除了在线教程和课程之外，数字世界还在革新学习演奏乐器的过程。对于任何想以业余身份学习弹钢琴的人来说，类似 Flowkey 和 Scoove 这样的应用程序能够让其更快地学习如何阅读乐谱。还有像 Pianu 这样的应用程序，能指导我们在什么时候按哪些键，我们甚至不需要学习如何阅读乐谱。

学习艺术作品

博物馆的体验要比单纯看屏幕上的艺术品丰富得多。博物馆不仅仅是为了学习，也是交流和认识其他人的空间。在实体博物馆内，文化和表达自由在空气中弥漫。让艺术在网络上变

独处

得触手可及,这样的数字举措是极其珍贵的,因为它们不仅有助于缩小那些有实力接触到艺术的人和那些没有这种机会的人之间的社会鸿沟,而且还能让我们得以一睹那些原本被珍藏在保险库里几十年的艺术作品。谷歌艺术与文化项目已经与全球 2500 多家博物馆和美术馆合作,提供该领域一些主要机构的虚拟参观和在线展览服务。可以线上"参观"的博物馆中,有佛罗伦萨的乌菲奇博物馆、伦敦的大英博物馆、纽约的大都会博物馆、华盛顿的国家美术馆、巴黎的奥赛博物馆,甚至还有首尔的国家现当代艺术博物馆。

4.9 亲近自然

Connecting with Nature

独处

森林浴（salim yok）指沐浴于林中，韩国人和政府非常重视这一说法。沐浴在森林里意味着带着目的行走于大自然中：也许我们要比平时走得更慢一点，好留心绿色的不同色调，留心植被的香味，留心树枝在脚下折断的声音以及周围的野生动物。2014年，韩国政府投资1.4亿美元建立了国家"森林疗养中心"；2015年，韩国国会通过了一项法律，以促进森林地区的生态良好发展，推动建立"森林疗养综合区"。这些地区配备了水上运动中心、康复设施和电子排毒项目，以及允许赤脚行走的花园、生长着草药的绿地、露天健身房和超过50千米的小径。

学校甚至还建在了森林里：从学前班到小学，甚至还在森林里开设了专门的课程来解决校园霸凌现象。国家已承诺建立一个基于与自然联系的社会援助计划。随着加强市民与自然环境联系的新基础设施的出现，一项新职业也随之诞生——"森林疗养师"，集导游、心理学家和生活教练于一身，且要求具有韩国本科学历。

漫步自然是许多韩国年轻人喜欢的独处活动之一，他们只要有机会就会逃离城市，去享受周末的森林浴。事实上，尽管城市在扩张，但82%的韩国人每年都会去森林地区一次以上，而且这种频率还在不断增加。一个以"森林浴"为主题的完备产业已然出现。我们的身体和大脑已经在大自然中发展了数千年，因此，在大自然中我们身体的一部分会有回家的感觉。各种研究表明，亲近自然对我们的神经系

HONNOL

统有镇定作用。英国埃塞克斯大学进行的一项研究表明，在大自然中散步会令参与者的抑郁水平最多降低70%。此外，所处环境如果能重现自然景色，如墙上有照片和绘画，就能减少焦虑、降低血压和缓解疼痛；住在能看到公园景色的房间里的病人，其术后恢复速度似乎更快。

与森林浴产业一起站稳脚跟的是一个名为"虚拟环境疗法"的产业。其目的是为人们提供便利，特别是为那些由于种种原因而无法在户外享受生活的人。虚拟"森林浴"现象已经风靡到了美国，俄勒冈州的一个刑罚机构在其囚犯身上进行了实验。研究人员发现，每周在一个布满屏幕并播放自然景观视频的房间里待40分钟的囚犯，比在没有视频的房间里锻炼的囚犯情绪要更稳定。同样，以现实方式模拟自然环境，并允许玩家自由探索世界的视频游戏正变得越来越受欢迎。例如，在《看火人》中，玩家可以沿着肖肖尼国家森林的爬山小路漫步。

显然，无论是从对人的身体有好处的角度，还是从森林给予我们的感官愉悦的角度而言，坐着看大自然的图片与沉浸其中是不一样的。沉浸在大自然中不仅仅是用眼睛和耳朵去感受，更是用皮肤去感受阳光和风，触摸一块石头，闻花的香气。

无论怎样，现实的也好，虚拟的也罢，森林浴都可以在我们感到孤独、压力缠身或焦虑时让身心得到放松，疫情当下这样的情况并不少见。我们没有必要在粗犷、原始的大自然中进行漫长而危险的远足，也没有必要参加昂贵的健康疗

独处

养。每天花几分钟时间坐在公园的树下,摸摸草地,专注于周遭昆虫和鸟类的声音,或运动,或周末偶尔去露营,都可以让我们的状态大不一样。

独行者的类型

独自旅行的人越来越多,这一趋势不仅出现在韩国。根据 Booking.com(缤客)在 2018 年进行的一项民意调查,来自世界各地的受访者中 28% 的人表示想来一次单人旅行。在韩国,有各种类型的独行者(honyeojok)。一旦疫情管制放宽,那些过去独行世界的独行者将继续扬帆起航。

酒店度假爱好型 *

hocance 是韩国版的"居家旅行",这个韩语新词意为在酒店里度假。这些旅行者喜欢在豪华酒店里独处,呼叫客房服务,一边喝香槟一边洗热水澡。如果你在酒店待了几天后觉得焕发新生,那么现在就有一个现成的词来形容这种体验了。

计划型 **

计划型的人喜欢计划旅行中的每一步。独自旅行意味着可以在行程中的许多地方购买导游陪同服务,而以往多人游玩这些地方却需要与朋友或伴侣进行长达数小时的讨论。对于计划型的人来说，效率是很重要的，即选择便于看到尽可能多的旅游景点的行程，遇见陌生人，并共走一程。

冒险型 ✱✱✱

　　冒险型的人是一类相当外向的独身一族。他们喜欢和别人在一起，但也认为独自经历一些事情是非常重要的，甚至勇敢到独自乘坐洲际航班。他们喜欢睡在旅馆里，喜欢结交新朋友和独立探索新地方。他们不怯于走出自己的舒适区，也常常因为沿途的所见所闻而偏离既定路线。

内行型 ✱✱✱✱

　　"inssa"这个词在韩语中指的是"内行"。他们很容易相处，知道所有最热门的趋势，知道当下最好的餐厅，去迪斯科舞厅也可以避免排队。内行型的主导特征是在社交媒体上有很强的影响力。如果你是一个内行型，并且独自旅行，那么亲戚朋友就能通过你社交账号上的故事和照片知晓你在旅行中的一举一动。

露营型 ✱✱✱✱✱

　　chabak 意即露营，这是风靡韩国的一股新潮流——受制于新冠肺炎疫情的结果。cha 在韩语中意为"汽车"；bak 来自 sukbak，意思是住宿。独自露营者逃离城市，在大自然中一个人感受自然。他们会迫不及待地把车停在露营地，一边喝着冰镇啤酒一边准备着单人份烧烤，欣赏夕阳。

独处时期
的爱情

并非所有的独身一族都抗拒浪漫关系。恩地是一位在首尔当记者的韩国年轻女性，喜欢独食和独饮。我和她有过一次对话。恩地目前有固定伴侣，并且已经持续一段时间了。我们谈到在有伴侣的前提下，她是怎么以独身一族的身份生活的，她的生活方式过去是如何影响她的爱情生活，以及对将来会有什么影响。

"我比较独立，喜欢一个人吃饭，尤其是在工作时。因为我的工作要求和很多人打交道，所以我喜欢在吃饭时放空自己，一个人待着。我喜欢一个人喝酒（适度）。我幻想过去一家高级酒店，独自品尝不同的酒。但目前而言，我都是在家里一个人喝酒。

"我和我的伴侣相处得挺愉快的。我们都是独立人士,所以我们也理解,要是一方没空回电话或信息时,对方估计就是在忙,那么我们就晚点再聊。我们从来不会因为这样的蠢事吵架。

"所有我独自完成的事都是从小事做起的,这些事让我明白其他很多事我都能一个人去做。比如最开始的时候我自己一个人在咖啡馆里喝咖啡,这一点儿也不难。后来我开始在餐厅里一个人吃饭。最后我还能一个人在酒吧里喝烧酒。我对自己能独自做事认识得越深,就越觉得自由。这让我不再痴迷于自己与他人的关系,也让我在自己的关系里越发完整,越发自由和独立。

"我不觉得独身一族就是孤独的。我从来没有听到过一个独身一族说觉得孤单。我认为大家接受彼此是独立的个体这样的观念,是我们的社会当中一个非常美好的现象。但同时这种现象又会让我感到忧伤,因为我怕这样的现象会变成一个社会问题,就像日本当前正在经历的一样。"

我的独身一族指数

你最喜欢的独身活动是什么?

- ☐ 吃饭
- ☐ 喝酒
- ☐ 购物
- ☐ 唱歌
- ☐ 旅行
- ☐ 学外语
- ☐ 运动
- ☐ 做饭
- ☐ 演奏乐器
- ☐ 去博物馆
- ☐ 看电影
- ☐ 亲近大自然
- ☐ 城市漫步
- ☐ 钓鱼
- ☐ 阅读
- ☐ 拍照

A. 非常喜欢自己一个人做的事

_____
_____
_____
_____

B. 时常想要自己一个人做的事

C. 从来不会自己一个人做的事

  如果你的大部分答案属于 A 类，那么你就是独身一族。

  如果你的大部分答案属于 B 类，那么你想要成为独身一族，并且目前依然在寻求独处以及和他人共度时光之间的平衡。

  如果你的答案几乎都属于 C 类，那么你就是与独身一族相对的一类人。这也没有错！

  要是你的答案中 A 类跟 C 类的数量差不多，那么你很好地平衡了陪伴和独处。恭喜你！

后记

写到这里，我笔下有关独身一族的内容已经比他们自己写的还要多了。我研究了他们的圈子，采访他们，花了上百小时看他们的博客和他们的 YouTube 主页。我和社会学家们进行了长时间的交谈，以了解要如何阐释这一现象。当然，我对独身一族的解构离不开我自己的文化，离不开我自己的思考工具，也许我已经将他们描述成了我自己以及我们想要他们所代表的形象了。独身一族可以指代任何努力在集体主义社会中寻求自我掌控，不向传统既定给自己的角色低头的人。他们所面临的挑战其实也是我的挑战。也许因为我是意大利人，而意大利人正好处于美式个人主义和亚洲式集体主义的中间。也许因为我是一个女人，也许以上原因皆有。随着研究的深入，我却发现自己对于这一现象的态度越发矛盾起来。

我最近读了《一起》(*Together*) 一书的一段，其作者是美国前总统奥巴马第二任领导集团的卫生部部长维维克·莫西（Vivek Murthy）。莫西作为"国之医师"，首要任务是应对肥胖、与烟草和药物成瘾相关的疾病、精神健康以及可通过疫苗预防的疾病。但当我为了了解美国当前亟待解决的问题是什么而踏足美国时，事实却越发明晰：人们从来不觉得健康问题是最重要的。主要的问题是孤独，它就像一根看不见的丝线一样，将医生们所关注的许许多多最为显眼的问题联结在一起。

韩国社会学家安德鲁·金恩基在加拿大待过几年，回到韩国以后就开始着手研究独身一族现象。我在采访他的时候，很幼稚地问了他是否认为有一天独身一族的生活方式会风靡西方。他笑了，回答道："或许我们可以说是韩国人正在逐步接受西方的生活方式。"独身一族也许是去领域化和通过互联网快速形成国外生活方式的产物，对有的人来说，这样的生活方式是心之所向，却与他们周遭的生活方式格格不入。一个反复出现的典型例子是：在家庭关系和婚姻中独立寻求幸福。

独身一族是"孤独之疫"的又一个标志吗？我思考着要以何种方式来探讨这一话题才是合适的，或者我是否应该敬而远之。但无论如何，我都不希望这本书变成对孤独的宣扬，对照搬个人主义生活的鼓吹，这样的思想会侵蚀我们的内心，直至心里再也容不下他人。

我重拾了在研究这些案例时的做法：我继续深入研究，发现作为全球趋势的一分子，独身一族却有着它不一样的特点，理应为人们所理解。比方说，我发现很重要的一点就是不能把独身一族看成在亚洲其他国家盛行的社会现象的孪生版，比如日本的蛰居族（hikikomori）。蛰居族指的是一种非常极端的生活方式——寻求极端的隔绝和远离社交。这种情况在日本被看作一种精神疾病、一种社会化问题。相较于独身一族，人们更难以认同蛰居族的做法。独身一族的年轻人并非绝对远离或抗拒社交。他们当中的许多人只是会时不时地周六晚上自己在家待着，或者一个人毫不尴尬地独自去旅行。他们选择不结婚、独居，也不希望任何人因为他们的选择而可怜他们。

独身一族的生活方式有时候更多的是为女性和那些自觉不够格当"韩国好公民"的人所实践，即异性恋、已婚且囿于自身性别赋予自己的角色。这一现象并非偶然。韩国社会婚嫁这一不成文规定依然根深蒂固：以夫妻为基础，夫妻双方遵循的是数千年来造成性别不公的规定。丈夫外出工作，女性主要肩负起妻子和母亲的角色。在这样的情境之下，除了女性以外，还有同性恋、双性恋以及跨性别等人群都要面临来自法律的挑战和日常的歧视，造成的结果是许多韩国人更不愿意向自己的家人、朋友以及同事坦诚自己的性取向或性别身份。独身一族的潮流是对这个问题的一种回应，同时也是一场寻求勇气展露自己的革命。

事实上，独身一族是一种充满了矛盾的现象，困顿于自由与疏离、狂喜与忧伤、变革与懈怠之间。没有什么官方的政治或社会宣言，没有独身一族戒条，没有只要遵守就能幸福的规律，也没有能规避孤独的秘方。我询问我的一些受访者（独身一族），他们是否觉得孤独、与外界格格不入。令我吃惊的是他们在回答这个问题时的沉默或虚伪的开场白，以及说过但随后又否定的话——那些面对自由的副作用而不能放弃热情的人所产生的困惑。本书提到的只是试着从这样的现象中得出一些结论，能够有益于我们的生活和社会，尤其是疫情当下，全球都被迫陷入自我隔离中。

我希望这本书能够以不同的方式发挥作用。它可以是一本关于如何独处的小小参考书，不管独处是否是你自愿的。它也可以是一面镜子，我们能认可那些在今天的社会被认为是奢侈的选择。或许它还能邀请人们共同审视这样一个事实：自己一个人生活并没有什么错，独处的时间还能被用作抵抗那些无法反映真实自我的常规与习俗。独身一族是一种保证，即不从众是可接受的，没有必要时时以及为人人所喜爱。

我也希望这本书能够促进人们对建立更加包容的社会、给予自己以及他人更多的善意和忍耐的需求的反思。孤独最后也不过是去感知我们想要的和拥有的之间的差距。孤独的感觉就好比我们的社交圈子比我们想要的要小得多，或者我们与自己亲近的人不够亲密。在一个包容的社会里，人们的孤独感会更少，因为能与他人一起表达自我，并带着好奇心看待彼此。也许独身一族对他人的理解，以及他们对平庸世俗问题所缺少的判断力，正是我们建立更为自由的社会所需要的。在这样的社会里，我们不需要将自己困于一室，也能找寻到自我。

西尔维娅·拉扎里斯

资料来源

为了写作本书，我们采访了选择独身一族生活方式的韩国年轻人，独食一族、独饮一族常常光顾的餐厅和咖啡厅的店主，还有社会学家、记者以及韩国摄影师。年轻的独身一族在各类博客和论坛分享关于他们生活方式的想法、喜悦和焦虑，这些也是我们研究的宝贵资料。因此，与其列出一大串的网站，我们决定奉上能够重现我们研究的工具。从更广泛的意义而言，这些工具还可以加深读者对韩国的了解，领会韩国人字里行间的意思。

韩国最知名的搜索引擎并非 Google，而是 Naver（naver.com）；最高效的翻译工具也并非谷歌翻译，而是 papago（papago.naver.com），世界语意为"鹦鹉"。papago 提供高质量的韩语翻译服务。只要你搜索的关键词被译成了韩文，你就可以将这些韩文复制粘贴到 Naver 搜索引擎里。想要搜索有关独身一族的信息，你可以利用本书的词汇表。假如你将 papago 作为扩展程序安装在浏览器上的话，那么 Naver 搜索结果的网页就会自动被翻译成你选择的语言。

韩国各大报纸通常是一个非常好的信息来源，它们能让你随时知晓韩国最热门的话题。这些报纸经常聚焦单身家庭不断增加和单身经济崛起等话题。《韩国先驱报》（koreanherald.com）是韩国国内出版的最大的英语报纸。你能在这份报纸上找到全国性新闻以及经济金融、文化、娱乐及体育等方面的深度报道。《东亚日报》（donga.com）是韩国另一家重要的报纸，可以借助Papago翻译来阅读上面的文章。《朝鲜日报》（chosun.com）是韩国国内影响力最大的报纸之一，其线上版本还提供中、英、日三种语言。阅读不同的报纸，有助于了解韩国各区域的人如何以截然不同的方式来解读新世代所奉行的最具个人主义色彩的趋势。国际杂志《世界各地》（restofworld.org）刊登了一篇与独身一族有关并且非常有趣的文章——《了解，退出》（Tune In, Drop Out），作者是居住在首尔的韩裔美国记者安·贝贝（Ann Babe）。

下面是一些与独身一族有关的网页：

The Honjok Dot Com 主页 (honjok.me)

The King of Honjok 主页 (honjokking.com)

Ins：@honjokking

Ins：@nicetoneet

Ins：@ninaahn_official

YouTube：MommyTang

祝你阅读愉快！

致谢

如果没有巴尔塔萨·帕加尼（Balthazar Pagani），这本书也就不能写成。他的信任、鼓励、劝诫甚至沉默，总能在合适的时机出现。

弗朗西斯卡·里昂斯基和吉奥瓦娜·法拉利斯，你们的作品就好像油炸食品一样，能让任何文本看起来都美味诱人。你们不仅是世界上最好的图片设计师和插画家，还是冒险途中出色的同伴。感谢你们即使在我倍感压力的时刻也能让我开怀大笑。

婕·安珍素，要是没有你，我就不会知道去哪里找有关这个现象的信息。你教会我太多了。感谢你的意见、你的指导，以及你参与这项研究的热情。

感谢安德鲁·金恩基教授耐心且细致地回答我提出的所有幼稚的问题，也感谢他对独身一族现象的透彻分析。

山姆·奥恩是一位挚友，也是一名韩流铁杆粉丝。感谢他陪我聊了很久关于怎么写一本书能恰到好处地分析来自另一种文化的现象。

致我所有的同事：感谢你们没有嫌弃眼袋重重、面对截稿日期脑力尽失的我。

感谢凯蒂·克洛普索夫（Katie Kropshofer）一直陪伴在我的身边，也感谢我的家人一直以来对我的信赖。

最后感谢我的奥斯汀·阿根蒂里（Austin Argentieri）。

谢谢你读了三四遍书稿。谢谢你给我做饭、打扫,方便我写作,从不过问细节。你就是我的根基。

西尔维娅·拉扎里斯

我要感谢西尔维娅·拉扎里斯,她从研究的第一天开始就陪着我一起探索独身一族的生活。写这样一本与深深烙在我自身文化里的主题相关,且涉及这一新鲜、有趣的韩国潮流的书,于我而言是一次非常重要的经历。得益于西尔维娅敏锐的直觉、在编辑上的协助以及不懈的支持,独身一族的故事才能如此生动。

特别感谢我的伴侣马克思(Max),感谢他在我写作本书时给予的帮助,在我试图兼顾工作和热情时还耐心地支持我,给初稿提建议等等。衷心感谢你所有的付出!

最后我想要感谢所有耗费大量时间和我畅谈个人经历以及独身一族现象的人们:达索姆·哈恩、金恩地、郑恩静、洪南希、白贤珠、金浩俊、金孝敏、塞缪尔·斯旺森和路德维克·沃尔夫。

婕·安珍素

西尔维娅·拉扎里斯 Silvia Lazzaris

一名住在英国的记者、电台制作人和意大利作家。她的作品发表在国内和国际媒体上，其中包括 Corriere della Sera，BBC World Service，Wired UK，Will Media，Domani。她的作品一直致力于解决与社会中的新技术实施相关的伦理问题，以及人类活动对环境和社区的影响。

西尔维娅是平台"探索食物"（FoodUnfolded）的编辑，该平台由欧洲创新和技术研究所资助，旨在揭示个人食物选择带来的影响。

Instagram 和 Twitter: @silvialazzaris

最喜欢的独身活动：看哲学类书籍。

婕·安珍素 Jade Jeongso An

一名社交媒体运营经理，白天是翻译和作家，晚上是有抱负的厨师。她曾在首尔的庆熙大学研修翻译。她在为 Dazed Korea 等杂志做自由撰稿人时开始热衷写作。她想用她的文字来引导、娱乐，甚至改变世界。

她目前住在德国柏林，热衷于食物与环保，她不写作的时候会捣鼓最爱的韩式菜肴，或者通过不同的社交账号来加深人们对气候危机的认识，比如 @FaceResponsibility。

最喜欢的独身活动：制作手工珠宝。

弗朗西斯卡·里昂斯基 Francesca Leonesch

她是 The World of Dot 的创始成员和创意总监。The World of Dot 是一家位于米兰的平面设计工作室，专门从事插图设计、排版、文本编辑、标志设计、品牌推广工作。弗朗西斯卡拥有建筑、平面设计和排版等多学科背景。在 Arnoldo Mondadori Editore 担任高级设计师 10 年后，她加入了纽约的 Mucca Design 工作室，担任艺术总监。那里的经历促使她决定与她的丈夫亚科波·布律诺（Iacopo Bruno）一起在米兰创建一个影像编辑工作室。自 2008 年以来，她一直担任 Rizzoli 出版社的艺术总监。她的工作室为重要的意大利及外国编辑提供服务。2019 年，她与西尔维娅·拉扎里斯、吉奥瓦娜·法拉利斯在 Abelville 出版社出版了《艺术的范式》（Patterns in Art）一书。

最喜欢的独身活动：针织。

吉奥瓦娜·法拉利斯 Giovanna Ferraris

她是一位平面设计师和插画家，现在在米兰生活和工作。她于 2010 年加入 The World of Dot 平面设计工作室，专门从事封面设计、创作图案和矢量插图。许多意大利出版的重要图书中都能找到她的插图。2019 年，她与弗朗西斯卡·里昂斯基、西尔维娅·拉扎里斯合作出版了《艺术的范式》（Patterns in Art）一书。

Instagram: @giovanna_ferraris

最喜欢的独身活动：在公园散步。

HONJOK

出 品 人：许　永
出版统筹：海　云
责任编辑：许宗华　张　奇
特邀编辑：张　洋　何青泓
封面设计：墨　非
内文制作：万　雪
印制总监：蒋　波
发行总监：田峰峥

发　　　行：北京创美汇品图书有限公司
发行热线：010-59799930
投稿信箱：cmsdbj@163.com

官方微博

微信公众号